당신이 세상 가장 든든한 내 편입니다.

이수희

세상
가장 든든한
내 편

세상 가장 든든한 내 편

초판 1쇄 발행 2025년 10월 24일

지은이 이수희
발행인 박주필
기획 조광현

펴낸곳 와선재
출판등록 제2011-000174호
주소 서울시 영등포구 국회대로 70길 18 한양빌딩 1103호
대표 전화 02-761-0823
팩스 02-761-0824
이메일 marsco@daum.net

ⓒ이수희, 2025

ISBN 979-11-85588-45-2
값 20,000원
*잘못된 책은 바꾸어 드립니다.

자전에세이

세상
가장 든든한
내 편

마음을 어루만지는
공감 리더십으로
강동의 새로운 변화를 일군
이수희 이야기

이수희 지음

와선재

세상 가장 든든한 내 편

서문을 대신하여 : 꿈의 밑거름이 되겠습니다

1부 이수희 이야기

1장
변호사가 된 광부의 딸

나는 촌사람 ... 17
어릴 적 이웃들의 이야기 ... 23
우물 안 개구리인 걸 알게되다 ... 28
삐딱한 후배가 모스크바 교환 학생을 가다 ... 31
모스크바에서 깨닫게 된 것들, 그래서 나는 보수당을 택했다 ... 35
사회주의 국가 청년들을 만나다 ... 39
진로에 대한 고민, 20대 그 불안함 ... 44
사법시험 합격, 모든 걸 쏟아부은 소중한 경험 ... 49
자칭 '착한 변호사'가 받은 도넛 성공사례금 ... 53

목 차

2장
15년 만의 당선, "고맙습니다"

정치인의 길, 정치인의 '끼' ... 63
낙선이 남긴 선물 ... 69
정치에서 제1준칙, 누구도 무시하면 안 된다 ... 73
2014년 서울시장 선거 이후 온 방송 활동 기회 ... 75
비로소 초심의 실체를 알게 된 선거, 2022년 강동구청장 당선 ... 78
구청장은 정치인인가 ... 82
말에 책임지는 구청장 ... 85

3장
현장이 내게 가르쳐 준 리더십

우문현답과 자기 전에 머리를 꼭 감아두는 이유 ... 97
의전 간소화와 주민 중심의 행사 진행 ... 105
습관에서 벗어나기 ... 112
區廳長은 求聽長, 함께 소통하여 뜻을 모은다 ... 115
공평무사, 불편부당, 적재적소의 인사 원칙 ... 123
여성 리더십이라는 게 따로 있을까 ... 133

세상 가장 든든한 내 편

2부 이수희와 함께 만든 강동과 대한민국 이야기

4장
가깝고 편하게 그리고 쉽게 문화를 누리는 문화도시 강동

내가 생각하는 문화행정의 원칙 ... 143
새로운 도서관 문화를 제시한 도서관 도시 강동 ... 151
강동아트센터를 품고 있는 공연예술의 도시 강동 ... 159
하나 되는 축제의 도시 강동 ... 164
선사 유적의 역사 도시 강동 ... 169
건강은 기본, 화합은 덤, 생활체육 건강도시 강동 ... 175
거리의 문화예술화, 특화거리의 도시 강동 ... 181
소프트 파워를 가진 문화도시 강동 ... 186

목 차

5장
강동의 꿈의 크기가 강동의 미래를 좌우한다

사통팔달 교통특구 강동 ... 195
50만 강동시대의 백년지대계, 강동 그랜드 디자인 ... 203
청소년의 꿈을 응원하는 교육도시 강동 ... 212
안전하고 건강한 보육도시 강동 ... 218
영 올드 시대에 맞춘 어르신이 편안한 시니어 친화도시 강동 ... 224
3.1운동과 참전 용사들의 뜻이 서린 강동구 ... 234

6장
정치 현실에 대한 단상들

21세기는 이념의 시간이 아니라 실용의 시간 ... 241
좋은 정치인이란? ... 249
강동구에서 대한민국을 생각한다 ... 254

후기를 대신하여 : 나의 정치적 자산

서문을 대신하여

꿈의 밑거름이 되겠습니다

정치인은 죽는 일도 국가에 도움이 되어야 한다 - 플루타르코스

구청장을 하기 전에 변호사로 일할 때 강연을 다니면 책을 써보라는 권유를 받은 적이 많았습니다. 하지만 선뜻 엄두가 나지 않았습니다. 선거에 출마한 뒤로도 또 책을 써보라는 권유를 받았습니다. 그럴 때마다 저는 일부러 퉁명스럽게 "종이 아껴야죠!"라고 말하곤 했습니다. 제 나쁜 버릇인 위악(僞惡)적인 대답이었죠. 책을 내지 않았던 이유는, '책을 낼 만한 경험을 했는지, 괜한 종이 낭비는 안 될 자신이 있는지' 확신이 없었기 때문입니다.

그런 제가 책을 펴냈습니다. 왜일까요?

저는 이 책을 통해 더 많은 분과 대화하고 싶었습니다. 강동구의 미래에 대한 제 고민과 개인적인 이야기도 함께 전해 드리고 싶었습니다. 책에 실린 제 생각에 동의하는 분도, 그렇지 않은 분도 계실 것입니다. 어쩌면 저의 내면 속 또 다른 모습을 새롭게 발견하시게 될지도 모릅니다. 그래서 이 책이 제게는 귀합니다. 반대로, 이 책을 읽고 오히려 저에게 실망하실까 두려운 마음도 있습니다.

이 책은 만 37세에 첫 공천을 받아 낙선한 뒤 원외당협위원장, 서울시장 선거 캠프 대변인, 정치 패널 등으로 활동하다가 2022년 7월 1일부터 강동구청장으로 3년 남짓 일해 온 제가 여러분께 조심스럽게 건네는 대화의 손길입니다. 제가 손을 건넬 수 있는 용기를 주신 분들은 누구보다도 강동구 주민 여러분입니다. 동네에서, 시설에서 제 손을 맞잡아 주시고 격려해 주신 많은 주민분 덕분에 이렇게 책을 낼 용기가 생겼습니다.

그래서 이 책은 부분적으로는 강동구 주민 여러분과 제가 함께했던 동행의 기록이고, 여러분이 제게 주신 영감과 교훈의 기록입니다. 무엇보다 이 책은 제게 《세상 가장 든든한 내 편》이 되어 주신 주민 여러분께 드리는 고백이자 감사의 마음입니다. 더 많은 분과 동행할 수 있게 되기를 바라며, 50만 강동 주민들이 강동에서 심은 꿈을 마침내 이루시고 꽃피우시기를 진심으로 기원합니다. 저는 그 꿈의 밑거름이 되겠다는 약속을 드립니다. 진심으로 감사드립니다.

끝으로 저의 내면에 힘을 길러 준 엄마와 오빠, 그리고 저를 성숙하게 해 준 딸에게 이 첫 책을 바칩니다.

이수희 배상

이수희 이야기

1장

변호사가 된 광부의 딸

나는 촌사람
어릴 적 이웃들의 이야기
우물 안 개구리인 걸 알게 되다
삐딱한 후배가 모스크바 교환 학생을 가다
모스크바에서 깨닫게 된 것들, 그래서 나는 보수당을 택했다
사회주의 국가 청년들을 만나다
진로에 대한 고민, 20대 그 불안함
사법시험 합격, 모든 걸 쏟아부은 소중한 경험
자칭 '착한 변호사'가 받은 도넛 성공사례금

나는 촌사람

나에 대한 이해되지 않는 평가 중 하나는 '도시적'이라는 평가이다. 아무리 거울을 봐도 나는 내 모습과 말투에서 촌티가 느껴지는데 말이다. 아마도 서울로 대학 진학을 하면서, 처음으로 강릉을 벗어나 다양한 지역에서 온 친구들과 이질적인 느낌을 주는 통칭 '잘 사는 집' 아이들을 보면서 갖게 된 자기방어가 나의 첫인상을 차갑게 만든 것 같다. 만만하게 보이고 싶지 않은 자기방어, 게다가 성질내는 듯한 느낌을 주는 강원도 영동 지방 억양까지.

나는 강원도 삼척시 도계읍에서 태어나 세 살까지 살다가 외가가 있는 강릉으로 이주하여 서울로 대학 진학할 때까지 살았

나는 강원도 삼척시 도계읍에서 막내로 태어나 사랑을 많이 받고 컸다.
7살 위인 오빠가 칭얼거리는 나를 업어서 재워주었던 기억이 생생하다.

다. 도계는 너무 어릴 때 떠나서 기억이 없다. 수돗가에 앉아 있는 세 살 무렵 사진 속 나의 모습이 생경할 정도로 아쉽게도 아무 기억이 없다. 강릉으로 이사 와서 한 서너 가구가 같이 지냈던, 셋방살이하던 기억은 어렴풋이 남아 있다. 대개는 이웃 간에 정겨운 기억과 엄마가 고생하던 기억이다. 강릉 남대천 벌판에서 엄청 추운 겨울날 동네 아주머니들과 엄마가 양미리를 엮는 부업을 하시던 모습 같은 기억이다.

내가 도계에서 태어나게 된 건, 강릉 출신 여자와 경남 거창 출신으로 도계탄광에서 전기기사로 일하던 남자가 결혼을 해서 7년을 도계에서 살다가, 1970년 그 남자가 서독으로 광부 수출을 갔고, 그 해 말에 내가 태어났기 때문이다. 어머니는 내가 사법시험에 합격했을 때 우시면서 그랬다. "너는 내가 말 그대로 혼자 낳아서 혼자 키운 자식이다."라며 당신 스스로를 대견해하시고 자랑스러워하셨다.

어머니는 독립적이고 자존심이 강한, 어찌 보면 오만해 보일 수 있는 전형적인 강릉 여성이다. 그리고 배움에 한을 갖고 있었기에 교육열이 무척 높았다. 교육열이 높았던 만큼 자립을 중요시하셨다. 무엇보다도 엄마가 우리 딸들에게 끼친 가장 큰 영향은 "특히 여자는 더 직업이 있어야 한다"는 가르침이었다. 1970년대와 80년대는 전업주부가 보편적이었고, 시집 잘 가서 현모양처로 사는 걸 교훈으로 할 정도의 분위기였지만 엄마는 달랐다.

나는 막내로 사랑을 많이 받고 컸다. 특히 7살 위인 오빠가 무척 예뻐했다. 여름에 날파리와 모기 때문에 잠을 못 자고 칭얼거리면 다 큰 나를 업어서 재워주었던 기억이 생생하다. 머리가 좋고 지적이었던 오빠는 지금의 나의 내면을 성장시켜 준 원천이었다. 오빠는 새해 새벽이면 맨발로 마당에 나가 조선일보와 동아일보 신춘문예 수상작을 펼쳐보는 것으로 새해를 시작했다. 베토벤의 운명 교향곡 초연을 들었던 관객을 부러워했고, 빅토르 위고의 레미제라블 얘기를 하면서 그때 그의 소설을 처음 읽었을 프랑스 사람들의 벅찬 감동을 상상했다. 그 모습이 너무도 문학적이고 낭만적이라 지금도 내 뇌리에 콱 박혀있다. 그런 경험들이 구청장으로 일하면서 도서관 컨셉이나 프로그램 기획을 할 때, 강동아트센터 공연과 전시를 어떻게 더 명문화할까 고민할 때, 큰 도움이 되었다.

어릴 때부터 배인 습관인 신문 사설과 칼럼 읽기는 지금도 빼놓지 않고 있다. 고등학교 때 장래희망이 기자였던 것도, 그리고 이후 선거에 나설 수 있었던 것도 그 습관 때문인 것 같다.

정치외교학과 선택은 그렇게 하게 되었고, 막내인 나의 대학 입학으로 식구들은 모두 서울로 이사했다. 첫 집은 봉천동이었고, 다가구주택 3층인가에 전세였다. 태어나 처음 그 집에서 바퀴벌레라는 것을 보았다. 강릉에서는 바퀴벌레가 없어서 딱정벌레의 일종으로 알고 손으로 들었다가, 생물학과 출신인 큰언니가 바퀴벌레라고 알려줘서 기겁했던 기억이 난다.

막내인 나는 감사하게도 지금까지 엄마와 같이 살고 있지만, 엄마와의 정신적인 독립은 내가 모스크바로 교환 학생 유학을 떠나던 날, 김포공항 출국장 출입문이 닫힐 때였다. 당시까지 태어나 21년 동안 한 번도 엄마와 떨어져 지내본 적이 없었지만, 그래도 많이 자립적이고 독립적이었다고 자부하는 나였다. 그랬던 내가 공항 출국장 문이 닫히는 순간 형언할 수 없는 공포가 밀려왔다. 마치 이승과 저승처럼 느껴질 만큼 극단의 단절감이 들었다. 제정신이 아니었던지 내가 다시 돌아가려고 했나 보다. 출국장에 있던 직원이 그 문으로 못 나간다고 나를 말렸던 기억이 난다.

비행기에 올라타서 현실감이 들었다. 막연히 외국 나가는 게 즐겁고 설레기만 했었는데 그제야 두려움도 느껴졌다. 그리고 나 혼자 잘 지내다 와야 한다는 다짐을 했다. 태어나면서 엄마와 탯줄이 떨어질 때 몸이 독립하였다면, 정신적인 독립은 그때 출국장 문이 닫힐 때, 나 스스로 그리고 혼자 내 자신을 책임져야 한다는 자각을 하게 된 때였던 것 같다.

다시 돌아가, 나는 촌사람이다.

그 촌티가 나는 좋다. 주민들께서 "첫인상은 차갑더니 막상 얘기해보니 소탈하니 수더분하더라"는 말씀들을 하시는데, 촌사람이라 그렇다고 화답하면 대개는 웃음이 터진다. 물론 실제 쓰는 단어는 '사람'이 아니라 'X'이지만.

어릴 적 이웃들의 이야기

우리 집은 금전적 여유가 없는 살림살이었지만, 엄마 덕분에 서러움을 겪을 정도는 아니었다. 엄마는 수출품 뜨개, 인조 눈썹, 가발 등 1970년대 있던 가내 부업은 다하신 것 같다. 먹성 좋은 네 자식을 먹이기 위해 나중에는 소위 구멍가게를 하셨고, 빵과 우유는 넉넉히 먹을 수 있었다. 교육열이 높았기에 배우고 싶다는 건 기회를 만들어 주셨다.

내가 살던 동네는 강릉에서도 좀 못 사는 동네로 여겨지던 곳이었다. 나중에 나이가 들어 미루어 짐작해 보면 쓰레기 매립지역을 강릉시에서 택지 개발을 한 뒤 땅을 매각한 곳이었던 것 같다. 우리 집은 슬라브 주택으로, 다른 구옥들과는 달라서 눈에 띄는 형편이었다. 그래서인지 도둑이 자주 들었고, 엄마는 그때 불을 켜놓으면 도둑이 덜 들까 싶어서 수출품 뜨개를 밤새 떴다고 회고하셨다. 이후로도 그때 트라우마로 인해 몇십 년을 선잠만 잠깐 들고 깊은 잠을 못 자는 고생을 하셨다. 40대인 여자 혼자 아이 넷을 데리고 그 시간을 이겨냈다는 게 참으로 존경스러울 뿐이다.

강릉은 보수적인 성향이 강한 곳으로, 혹여라도 여자 혼자 지내는 집이라 주변 시선을 늘 신경 써야 했던 것 같다. 그래서 우리 집에 오는 대부분의 남자 손님들은 마루 끝에 앉아서 엄마와 얘기를 나누다 가셨다. 방에 들어와 얘기를 나눴던 분들은 외가 할아버지들과 외삼촌들이 전부였다. 당시 그 내외가 어린 내 눈에 좋아 보였다. 뭔가 우아하고 기품도 느껴지고 격조가 있어 보였다고나 할까.

수출품 뜨개를 같이 뜨는 동네 아주머니들이 우리 집에 모이면 동네 돌아가는 얘기를 다 들을 수 있었다. '사람'에 관심이 많았던 나는 안 듣는 척 하면서 엄마 옆에서 다 듣고 있었다. 누구 집 엄마가 서울에서 어떤 어떤 일을 하던 여자라더라, 누구 엄마가 결국 집을 나갔다, 누구 집 아저씨가 술주정뱅이가 된 게 군

비록 없는 살림살이었지만, 엄마 덕분에 서러움을 겪을 정도는 아니었다.
변호사가 되어서도 시선은 어려운 분들에게 더 머물렀다.

대를 기피해서 지금껏 도망다니고 있기 때문이다, 누구 집 부부가 매일 싸우는 이유는 아저씨가 북에 두고 온 처자식을 두고 부인이 질투하기 때문이다 등, 내게 문학적 재주가 있었다면 재밌는 소설 몇 권은 나왔을 얘기들이었다. 그리고 그 안에는 인생의 생사고락, 희로애락, 그리고 한국의 현대사가 다 들어 있었다.

지금까지도 마음 아프게 기억하고 있는 건, 하얀 얼굴에 참 말투가 고왔던 어묵 공장에서 일하시던 아저씨의 얘기다. 이북에서 선생님을 했던 분인데, 6.25 때 월남을 하면서 교사 자격증을 챙겨 나오지 못한 것이다. 교사 자격을 증명할 사진이라도 한 장 있으면 당시 남한에서도 교사 자격을 가질 수 있었다고 하는데, 그런 자료가 없어서 어묵 공장에서 일을 하고 계신 거였다. 어딘가 공허해 보이던 그 눈빛이, 북에 두고 온 처자식 때문인지 아니면 맞지 않는 일을 하는 처지 때문이었는지는 몰라도 그 눈빛은 기억에 남아 있다. 나중에 사법시험에 합격하고 난 뒤 합격증과 사법연수원 수료증, 변호사 자격증 등을 받았을 때 그 아저씨 생각이 나면서, 전쟁 나면 이걸 꼭 챙겨야겠다는 황당한 생각을 했던 적이 있다.

경제적으로 어려운 사람들이 많이 사는 동네였기에 중학교 진학을 못한 친구들도 있고, 고등학교 진학을 못한 친구들도 있었다. 중학교 진학을 포기한 한 친구의 집에 갔을 때 그 친구의 뭔가 나를 부러워하는 듯하기도 하고 어색해하기도 하는 듯했던 얼굴을 잊을 수 없다. 당시 내 눈에 무책임해 보이던 그 집 어른들의 모습도 기억이 난다. 그 아침 단칸방에 펼쳐져 있던 이부자리들과 먹다 남은 밥상도 기억이 날 정도로 내게는 큰 각인이 된 장면이다. 변호사를 할 때도 구청장이 되어서도 저소득층 가정의 아이들 교육과 가정폭력, 아동학대에 특별히 더 관심을 갖고 챙기는 건 이런 경험들 때문이다.

한편 그 친구들 입장에 나는 부잣집 아이었다. 실상 우리 집은 금전적 여유가 없는 사정이었지만 그 친구들 눈에는 그리 보였을 거다. 어쩌면 그렇게 살아온 환경이 나를 비주류에 끼었을 때 더 편한 마음이 들게 하는 것 같다. 변호사를 하면서 돈 많고 소위 유력 가문들 사람들을 많이 만났지만, 마음이 어딘가 어색한 면이 있었다. 나도 저 사람들만큼 돈을 벌어야지, 나도 저런 가문을 만들어봐야지 하는 동경이나 시샘이 있었다면 지금과는 다른 삶을 살고 있을 것 같다. 하지만 그런 동경은 생기지 않았고, 시선은 어려운 사람들에게 더 머물렀고 마음도 더 편했다. 내가 그 분들에게 뭔가 도움이 될 수 있다는 게 기뻤다.

우물 안 개구리인 걸 알게 되다

경제적 격차와 계층 차이가 뭔지를 제대로 알게 된 건 서강대학교에 입학하면서였다. 태어나서 처음으로 유명 대학교 교수의 아들을 보았고, 대기업 임원 딸을 보았고, 상사주재원 자녀들의 원어민 수준의 영어 대화를 들었고, 고등학교 때 테니스를 배웠다는 부잣집 아들을 보았다. 시기나 질투가 아니라 그저 신기했다. 세상이 넓다는 걸 스무 살이 되어 알게 되었고, 비로소 우물 안 개구리에서 벗어난 거다.

이후 계속 나는 다른 우물에서도 다시 내가 우물 안 개구리였다는 깨달음을 얻고 있고, 이건 진행형이다. 그리고 앞으로 또 어떤 다른 우물을 만나게 될지 기대된다.

참고로 고소득층 출신 친구들이 중고등학교 때 이미 테니스를 배우고, 농구도 레슨을 받아서 대학 체육 시간에 남들보다 멋진 플레이를 하는 걸 본 경험은, 구청장을 하면서 양극화와 소외를 줄이는 사업을 하게 된 이유가 되었다. 특히 예체능 교육에 있어 저소득층 가정 아이들에게 배울 기회를 제공하고자 애쓰고 있다.

서강대 졸업식 사진
나는 여전히 우물 안 개구리라는 깨달음을 얻고 있다.
앞으로 또 어떤 다른 우물을 만나게 될지 기대된다.

삐딱한 후배가
모스크바 교환학생을 가다

대학 생활은 내가 비주류이자 주변부에서 살아왔다는 걸 알게 된 시간이었다. 그리고 89학번이라 6·10 항쟁 이후 학생운동의 절정기였기에 혁명이니 사회주의니 하는 세미나 등에도 초대받았다. 하지만 어떻게 저렇게 혁명에 확신을 가질 수 있는지 운동권 선배들이 신기할 뿐이었다. 선배들에게 삐딱한 질문을 던지기도 하였다. "선배는 나치 독일 시대에 살았으면 목숨 걸고 레지스탕스로 살 수 있었을 것 같아요? 일제 강점기에 목숨 걸고 독립운동 할 수 있었을 것 같아요?" "혁명의 끝에 꼭 좋은 세상이 온다고 어떻게 확신해요?"

내 특유의 삐딱한 시선과 자기 검열은 선배들과 동기들의 그런 확신과 행동들에 어느 이상 빠져들게 하지 않았다. 그리고 나중에 정말 사회주의의 민낯을 보겠다는 생각에 모스크바 교환학생을 가게 된 이유가 되기도 했다.

강릉에서 살 때 나는 타 지역 출신 분들을 별로 접해보지 못했다. 그러다 대학에서 처음 광주 출신 친구들을 만나게 되었고, 5·18 얘기를 직접 들을 수 있었다. 한 사람의 인생으로 바라 본 역사 사건인 미시사는 거시사와는 전혀 다른 의미를 준다. 그 친구들을 통해 들은 비극은 이전까지 알고 있었던 사실과 많이 달랐다. 나와 그 친구들은 지금까지 계속 정치적 견해를 달리 하는 것이 많지만, 그래도 친하게 잘 지내는 건 서로의 다름을 인정하고, 힘들었던 삶들을 공감하고 아파하기 때문이다.

대학에 입학한 해인 1989년 11월 9일, 동서 냉전과 이념 대립, 자유 진영과 공산 진영의 실질적이고 상징적인 경계였던 독일의 베를린 장벽이 무너졌다. 냉전 시기 그 서슬 퍼렇던 동독 정권도 자유를 향한 동베를린 시민들의 외침과 행동을 막을 길이 없었다. 1991년 12월 26일에는 소련, 그러니까 소비에트 사회주의 공화국 연방이 공식적으로 해체됐다.

1991년 3학년 1학기를 지내던 때 당시 서강대 박홍 총장께서 모스크바 국제관계대학(MGIMO)과 교류 협정을 체결했다고 하면서, 교환 학생 프로그램도 있다고 했다. 평소 해외 유학에 대한 막연한 로망을 갖고 있던 나는 돈이 들지 않는다는 말에 솔깃해서 바로 학교 본관으로 갔다. 몇 번 퇴짜를 맞았다가, 우여곡절 끝에 대외협력처 베이슬 프라이스(1923~2004) 신부님을 찾아갔다. 도라지 담배를 즐기시던 프라이스 신부님은 박홍 총장과 함께 교류 협정을 체결하고 돌아온 분이다.

교환 학생 프로그램에 참여하고 싶다는 뜻을 밝히자 신부님은 그 자리에서 "수희! 렛츠고!"를 외치셨다. 한국 교직원들은 안 된다고만 했는데, 프라이스 신부님은 단번에 허락해주신 거다. 그때 어린 마음에 이래서 미국이 강대국인 건가 하는 생각마저 들었다.

이후 신부님은 노구를 이끌고 초여름 땡볕에 마포의 가든호텔까지 직접 오가시며 서류를 준비해 주셨다. 당시 우리나라는 이미 팩스가 보편화되었지만, 모스크바는 그때까지도 텔렉스를 사용하고 있어서 부득이 가든호텔까지 가야 했다. 프라이스 신부님의 노력으로 1991년 3학년 2학기 때 모스크바로 떠났다. 참고로 프라이스 신부님은 한국 최초로 노동연구소를 운영하셨던 분이다.

  출국 전날 수희 잘 다녀오라고 하시면서 나를 꼭 안아주셨는데, 그 따뜻함은 눈물이 나올 정도로 내게 큰 응원과 위로가 되었다. 오래 전에 고인이 되신 프라이스 신부님의 명복을 지면을 빌려 다시금 빕니다.

모스크바에서 깨닫게 된 것들, 그래서 나는 보수당을 택했다

당시 모스크바는 배급제가 끝나고 각자도생의 아노미 상태로 사회주의 끝물을 볼 수 있었다. 나는 모스크바 셰레메티예보 공항에 도착하자마자 잠깐 사이에 짐 하나를 도둑맞으면서 당시 모스크바 상황을 바로 경험할 수 있었다.

나라가 못 살고 정치가 불안정하고 사회가 혼란스러우면 그 국민들이 특히 여성이나 아이, 약자들이 얼마나 비참하게 살아야 하는지 목격했다. 우주선 쏘아 올리고 핵미사일을 다량 보유하고 과학기술이 발달한 옛 소련의 수도 모스크바였지만 세탁기는 세탁 전 과정을 세탁기가 알아서 진행하는 자동 세탁기가 아니었다(당시 우리나라는 자동 세탁기가 보편화되어 있었다).

당시 모스크바 일반 가정에서 쓰던 세탁기는 사람이 수동으로 조작해야 했다. 수동도 어느 수준이었느냐 하면, 세탁기 안에 있는 통은 한 쪽 방향으로 돌기만 하고, 세탁기 뒷면에 고무 호스가 있어서 물이 들어올 때는 호스를 꺾어서 올려놓고 물을 빼려면 그 호스를 아래로 내려서 물을 흐르게 하는 방식이었다. 그런 방식이다 보니 물을 넣고 뺄 때 모두 사람이 일일이 챙겨야 했다. 물을 틀어놓고 자리를 떴다가 깜빡 잊어버리면 세탁기 통 밖으로 물이 넘쳐서 욕실이 물바다가 되는 곤혹을 치러야 했다. 이념과 체제 경쟁을 위한 무기 개발과 관련한 과학기술은 고도로 발달했으면서도 정작 국민의 일상적 삶을 안정적으로 편리하게 뒷받침하는 일은 뒷전이었던 것이다.

모스크바에서 보낸 1년은 이론이 아니라 사람 사는 땅에서 직접 구현된 사회주의의 현실과 비극을 목격하고 체험한 시간이었다. 옛 공산당 간부, 신흥 부자들은 새로운 지배 계급이 되었고, 마땅한 일자리를 찾기도 어렵고 준비도 안 된 젊은 여성들은 '거리의 여인'으로 나서는 형편이었다. 조지 오웰의 동물농장 그 자체였다.

보수당으로 정치를 시작하게 된 계기는 모스크바에서의 이런 경험들 때문이다. 나라가 못 살면 그것보다 비참한 건 없다. 그리고 인간 세상에 있는 모순이나 부조리를 모두 없앨 수 있는 듯이, 인간의 선의를 믿어야 한다고 가식적이고 위선적으로 강요하는 그런 정치 지도자들이 있는 나라에서는 줄도 빽도 없는 사람들이 더 살기 힘들다는 현실적인 진리를 내 눈으로 똑똑히 보았기 때문이다.

그러면서도 러시아는 강대국인 건 틀림없는 사실이었다. 선진국이 아니라 강대국 말이다. 당시 내 생각에 우리나라 교육과 가장 큰 차이는 러시아어를 외국인에게 가르치는 시스템이 아주 잘 갖추어져 있다는 것과 역사에 있어 전쟁사를 아주 구체적으로 가르치고 있었다는 점이다. 역사 시간에 전쟁을 가르치면서 전투를 하루 단위로 어떻게 성을 공격했고 방어했는지 등을 영화 보듯이 설명하면서 가르쳤다. 그들의 역사 교육은 정복적 시각이었다. 그런 시각으로 역사를 가르치는 게 옳은지 그른지를 떠나서 마냥 평화로운 민족이었다는 식으로 미화하던 당시 우리나라 역사 교육과는 판이하게 다른 면이 무섭게 다가왔다. 그래서 우크라이나와 전쟁 보도가 있었을 때 러시아가 절대 물러나지 않을 거라고 예측했다. 러시아는 정복의 역사를 갖고 있고, 그런 시절을 그리워하는 나라이기 때문이다. 이런 특성은 우리나라도 잊으면 안 된다.

우크라이나 얘기가 나와서 떠오른 단상이 있다. 처음 모스크바 셰레메티예보 공항에 도착해서 마중 나오기로 했던 대학 관계자는 찾을 수도, 연락도 안 되는 상황에서 짐까지 도둑맞아 당황해하고 있을 때 도움을 주었던 이가 있었는데, 모스크바로 일하러 온 우크라이나 출신 신사였다. 고향에서 오기로 한 여자친구를 마중하러 공항에 와있던 그는 작은 해바라기 꽃다발을 손에 들고 있었다. 영어가 좀 통해서 나의 처지를 설명했고, 그는 내게 따뜻한 차와 쿠키를 사주었다. 그러면서 학교까지 가는 택시비를 사기당하지 말라고 하면서 이런저런 주의를 주었다. 러시아와 우크라이나 전쟁 기사를 볼 때마다 그 신사가 생각났다. 지금 그는 살아 있을까?

사회주의 국가 청년들을 만나다

　모스크바에서 당시 세계에 있는 사회주의 국가 출신 유학생들은 거의 다 본 것 같다. 북한, 나이지리아 등 아프리카 국가들, 헝가리·불가리아·루마니아 등 동구권 국가들, 중국, 베트남·캄보디아·라오스 등 동남권 국가들, 파라과이 등 남미 국가들, 중앙아시아와 우크라이나 등 옛 소련 국가들, 그리고 그 외 아랍권 출신의 미국 유학생과 일본 유학생 등 정말 다양한 국가의 유학생들을 만났다. 영어와 러시아어를 섞어가며 이런저런 얘기들로 밤새우다시피 했던 날들은 젊은 그때가 아니었으면 못 했을 일들인 것 같다.

　북한에서 온 학생들은 외모로 인해 바로 알아볼 수 있었는데,

서로 눈도 안 마주치려 애썼다. 왠지 두려움이 있었다. 출국 전에 받은 교육도 있었고, 혹여라도 말을 건넸다가 그들에게 피해가 갈까 싶은 걱정도 있었다. 한 번은 지인 집이 있는 아파트를 찾아 갔다가 동을 잘못 들어가서 북한 사람이 살고 있는 집 초인종을 눌렀다. 현관문이 열리고 바로 눈에 들어온 게 벽에 걸어 둔 김일성 사진 액자였다. 나를 납치한 것도 아닌데, 혼비백산해 되돌아 나온 기억이 난다. 북한 식당에 가서 먹은 육개장은 제법 맛있었다.

각 국에서 온 청년들과 얘기를 나누면서 인접한 각 국가들 간의 미묘한 신경전과 갈등을 알 수 있게 되었다(지금은 분리되었지만 당시 체코슬로바키아에서 온 유학생들 중 반목하는 모습들을 많이 봤는데, 나중에 결국 분리되기에 자연스럽다고 받아들였다). 서로서로 상대 국가들을 얕잡게 보고 민족성이 어떻다 하면서 뒷담화를 하고, 어느 국가 출신들은 조심하라면서 알려주는 등 사람 사는 데는 다 똑같다는 생각을 하게 했다. 일부 국가 유학생들은 학업을 마치고도 귀국을 연기하기 위해 갖은 노력을 다하는 모습도 보았다. 나라가 못 살아서 일어난 청춘들의 비애였다.

당시 에피소드들 중 두 가지만 소개하고 싶다. 나를 우물 안 개구리에서 벗어나게 해준 일이기 때문이다. 하나는 당시까지 우리나라 자랑은 백의민족이란 것과 단일 민족이란 것이었다. 신나서 자랑하는 마음으로 "우리나라는 단일 민족이다."는 얘기를 했는데, 듣고 있던 다른 나라 유학생들이 키득키득거리는 거였다. 이유를 몰라서 왜 웃느냐고 물으니, 그 애들 대답이 "너희 나라는 수 천 년 동안 국민들 잠자리까지 감시했느냐?"고 하면서 계속 웃었다. 그제야 단일 민족이란 개념이 얼마나 허구인지 그리고 얼마나 닫힌 사고인지를 그래서 그렇게 자랑할 만한 거리가 되지 못한다는 걸 깨닫게 되었다. 다문화라는 말이 우리 사회에서 등장했을 때 그때 에피소드가 생각났다.

다른 하나는, 축구 국가대항전의 뜨거운 열기가 한일전만의 일이 아니라는 사실을 알게 된 것이다. 많은 국가 간 축구 경기는 역사적 배경을 품고 있어, 일종의 전쟁이라 할 만하다. 제2차 세계대전에서 독·소 전쟁을 했던 독일과 러시아의 축구전을 관람하던 두 나라 유학생들의 모습에서는 거의 살기가 느껴질 정도였다.

'에스꾸르시아'라고 우리말로는 수학여행 정도 되는 학교 내

모스크바 유학에서 세계 여러나라에서 온 학생들을 많이 만났다.
나를 우물 안 개구리에서 벗어나게 해 준 계기가 되는 에피소드가 많았다.

프로그램을 통해 당시 우리나라에서는 가 볼 수 없었던 동구권 나라들을 여행할 수 있었다. 에스토니아, 라트비아, 리투아니아와 같은 발틱 국가들과 흑해 연안의 소치 등 아름다운 도시들을 여행할 수 있었다. 나이 들어 후회되는 건 그때 그 곳들을 제대로 만끽하지 못한 것이다. 어린 나이다 보니 한계가 있었다. 지금 생각해도 아찔한 것은 라트비아의 수도 리가에 가서 동양 사람이 러시아어로 물건을 사려고 했던 일이다. 우리나라로 치면 서양 사람이 일본어로 우리나라 사람에게 흥정하자고 설친 격이니 맞지 않은 게 다행이었다.

나이 들어 아쉬운 건 그때 그 친구들의 연락처를 받아 두었어야 했고, 계속 연락을 했어야 했는데 그러지 못했던 거다. 지금쯤 그들 대부분은 고국에서 고위층으로 활약하고 있을 거다. 모스크바에 유학 올 정도의 집안이면 본국에서는 대단한 유력자 집안 자녀들이었기 때문이다. 몇몇은 기회가 되었을 때 알고 있는 이름과 나이만 가지고 찾아보려고 했는데, 여의치 않았다. 회자정리 거자필반(會者定離 去者必返)이라 했으니 언젠가는 좋은 자리에서 만날 날이 있겠지 기대해 본다.

진로에 대한 고민, 20대 그 불안함

러시아에서 1년을 머물다 귀국하니 어느덧 4학년 2학기, 졸업 학기가 되었다. 취업하고 싶어 하는 지원자가 많았던 국가 기관에 취업할 기회가 있었고 최종 신원조회 단계까지 갔지만 나는 그 기회를 뒤로 하고, TV 드라마 현장에서 일했다. MBC의 고(故) 장수봉 감독께서, 사할린에서 중앙아시아로 이주해야 했던 한인(韓人)들의 고난을 배경으로 한 드라마를 하신다기에 나는 감독님께 편지를 썼다.

러시아어도 어느 정도 가능하고 방송 편집일에도 관심이 많으니(나의 대학 시절 부전공은 신문방송학이다) 드라마 제작에 참여하고 싶다는 내용이었다. 당돌한 후배를 기특하게 보셨는지 장수봉 감독에게서 같이 하자는 답이 왔다. 좋은 취직자리를 마다하고 비정규 임시직으로 전망도 불투명한 방송 스태프 일이라니. 지금 생각하면 그 시절 나는 느낌 가는 대로 선택하는, 꿈만 있고 무식해서 용감했던 시절이었던 것 같다.

끼라면 끼가 있었는지 고등학교 때 연극반 활동도 했었다. 하지만 내가 생각했던 것과 방송 제작 현장 및 현실은 크게 달랐다. 생각과 현실이 다른 것은 어느 분야든 마찬가지다. 당시로서는 상당히 많은 급료를 받았지만 '이 길은 내 길이 아니다' 라는 판단을 했다. 나는 무언가를 결정하기까지는 신중하지만, 판단이 서면 결정과 이후 실행은 과감하고 빠른 편이다. 아닌 건 아닌 것이다. 그 때문에 손해를 감수해야 할 때도 없지 않았지만, 사리 분별을 확실히 하고 맺고 끊는 것을 분명히 하는 성격은 지금도 그대로다.

드라마 스태프 일을 완전히 그만 둔 20대 중반, 나는 취업 준비가 전혀 안 되어 있었다. 이른바 빽도 없고 스펙도 없었다. 더구나 1990년대 중후반 당시에는 취업에서 여성에 대한 차별이 심했다. 기업에 지원도 해 봤지만, 서류에서 탈락이었다. 연락이 없어서 전화를 하면, 상대방 쪽에서 잠시 침묵이 있다가 "아...이

방송사 스크립터 시절.
취업을 위해 동분서주하는 청년들을 보면 그때 생각이 난다.
얼마나 마음이 불안할지, 십 분 이해가 되어 마음이 에리다.

수희씨 이름은 없네요." 하던 그 말을 듣고 가슴이 툭 떨어지던 경험은 지금도 가끔 통화가 두려운 느낌이 들게 한다. 그래서 취업을 위해 동분서주하는 청년들을 보면 그때 생각이 나면서 얼마나 앞날이 불안할지 그 심정이 십 분 이해가 되어 마음이 에리다.

사기업은 나를 뽑아주지 않으니 공공기관 중 시험 보는 곳으로 들어가는 수밖에 없었다. 7급 공무원 시험 준비를 하던 후배 따라 며칠 공부를 해봤는데, 어쩐지 맞지 않았다. 그러다 오빠가 고시를 봐보라고 해서 신촌 로터리에 있는 홍익서적에 가서 고시 공부에 필요한 책들을 살펴보았다. 행정고시, 외무고시, 사법고시 등에 필요한 책들을 이것저것 펼쳐보는데, 외시는 영어가 너무 어려워 보였고, 행시는 정책학 같은 건 읽어도 뭔 소리인지 재미가 없었다(그랬던 내가 경험이 쌓이면서 구청장이 되었고, 이제는 정책학과 같은 이론서들이 아주 재밌다).

그런데 권영성 교수의 헌법학 책을 펼치는 순간 눈을 뗄 수가 없었다. 헌법 전문을 보고 눈물이 날 정도로 감동적이었다. 자유와 권리를 쟁취하기 위한 피의 역사가 가슴 웅장하게 다가왔다. 그리고 다른 과목 법학서들도 처음 보는 건데 재미있었다. 곽윤직 교수의 민법학 개론, 형법 등 펼치는 족족 다 재밌었다. 그래서 사법시험을 보기로 결정했다. 이런 경험으로 인해 지금도 나는 청년들에게 '적성에 맞는 걸 해야 결과도 좋다'고 말해준다.

사법시험 합격,
모든 걸 쏟아부은 소중한 경험

2001년 12월, 제43회 사법시험 2차 합격 소식을 들었을 땐 그저 덤덤했다. 하지만 시간이 흐르자 그 감정은 벅찬 기쁨으로 변해, 말로는 다 표현할 수 없을 만큼 커졌다. 사람이 너무 기쁘면 감정을 느끼는 데 시간이 걸리는 것 같다. 엄마는 너무 기쁜 것도 스트레스가 되더라고 하셨다. 감당하기 어려울 정도로 기쁜 감정을 털어내지 못하니까 숨쉬기도 어렵다고 하셨다. 나의 합격 소식을 나보다 더 기뻐해 줄 사람이 세상에 엄마 말고 또 누가 있었을까.

사법시험을 준비하기 전까지 나는 변호사는 다른 세상 사람들이 꿈꾸는 직업이라고 생각했다. 나의 어린 시절 경험 속에는 변호사도, 검사도, 판사도 없었다. 그러니 꿈인들 꿀 수 있겠나? 그래서 아이들에게 진로 탐색의 기회를 많이 제공하는 것이 필요하다고 생각한다. 저소득층 가정 아이들에게 그런 기회는 더 많아야 한다는 생각이고, 구 사업에도 반영하려 노력하였다.

사법시험 합격까지 5년 정도 걸렸다. 처음엔 집에서 교과서만 붙잡고 기본에만 충실했다. 하지만 시험의 실제 출제 경향과는 어긋난 공부 방식이었고, 결국 그 때문에 합격은 늦어질 수밖에 없었다. 때로는 얕은 방식을 택할 필요가 있다. 어쨌거나 후반 2년 정도는 내 인생에 마지막 기회라는 생각으로 할 수 있는 모든 노력을 다했고, 나의 모든 걸 쏟아부었다. 그렇게 긴 기간 동안 집중하고 최선을 다해 볼 수 있었다는 건 고마운 경험이다.

나는 진심으로, 설사 낙방했더라도 사법시험에 더 이상 미련은 없었을 것이다. 내가 할 수 있는 최선을 다했기 때문에 떨어진다 하더라도 나의 부족함을 수용할 용기가 있었다. 다행히 운 좋게 합격을 했지만, 이후에도 최선을 다한 결과에는 그런 생각을 늘 갖고 있다. 애초 미련과 후회가 남을 노력은 문자 그대로의 최선의 노력이 아니라는 게 더 정확한 표현일 것 같다.

4일 동안 치러지는 2차 시험을 치르는 데 모든 기력을 다 쓴 나머지, 집에서 쉬는 동안에는 한여름인데도 목화솜 이불을 덮고 자야 할 정도로 기가 약해져 있었다. 엄마는 학질 걸린 사람이 저랬다면서 걱정이 컸고, 수소문 끝에 한의원에서 부용을 넣은 비싼 약을 지어 먹고 나았다. 그래서 나는 한의학에서 말하는 기(氣)라는 존재가 있는 것 같다는 입장이다.

처음에는 옛날 방식대로 미련하게 집에서 혼자 교과서로 공부하니 돈이 들지는 않았지만, 시간이 더 걸리는 우를 범했다. 반면에 기초가 단단히 잡히는 긍정적인 성과도 얻었다. 집에서 하는 공부는 한계가 있다는 판단이 들어 2차 시험을 준비하면서는 신림동 고시촌을 갔다. 주로 집중력이 최고조가 되는 이른 아침부터 오전에 하루 공부를 거의 다 하다시피 했다. 그러다 보니 오후 3~4시경에 신림동 골목을 어슬렁거리는 나를 주로 본 사람들은 나중에 최종 합격한 나를 보고 머리가 엄청 좋다고 오해들 한 것 같다. 시험 준비에서 엉덩이를 이기는 머리는 그리 많지 않다.

오전에 집중하는 습관은 구청장이 되어서도 마찬가지다. 거의 매일 출근하자마자 결재 문서와 민원서류들을 본다. 머리가 맑을 때 더 적절한 판단을 할 수 있고, 실수를 줄일 수 있기 때문이다. 그래서 되도록 저녁 술자리는 멀리하고 있다.

사법시험을 준비하는 동안에 돈 문제로 어려움을 겪기도 했다. 중간에 모 백화점 의류 매대에서 판매 아르바이트도 해봤다. 10시간 정도를 1시간도 제대로 앉아 쉬지 못하고 계속 서 있는 건 너무 힘들었다. 비인간적인 근로 환경이라고 생각했는데, 이후에 판매 근로자들에게 앉아서 쉴 수 있는 환경을 만들어 주는 것으로 제도가 바뀌었다는 언론 기사를 보고 만시지탄이지만 다행이라 생각했다. 지금도 옷을 사러 가면 매대의 옷을 살펴본 뒤 꼭 접어두고 나온다. 예전에 아무렇게나 파헤쳐놓고 가는 손님들에게 질린 탓이다.

경제적 어려움은 감사하게도 주변 도움으로 극복할 수 있었다. 인생의 결정적인 순간마다 나는 귀인들을 만났다. 너무 큰 복이고 감사한 일이다. 그때 아무 대가 없이 도움을 주었던 분들에 대한 고마움을 잊지 않고 있다. 나도 후배들의 귀인이 될 수 있으려 애쓰고 있고, 몇몇 그런 기회를 주었던 것도 같다. 강동구청장이 된 지금은 주민들 모두가 내게는 귀인이다.

자칭 '착한 변호사'가 받은
도넛 성공사례금

사법연수원 33기는 일산 사법연수원에서 첫 연수를 시작한 기수다. 첫 1천명 시대로도 불리는데, 흥미로운 건 어느 기수보다도 사회적으로 이슈가 되거나 관심을 끄는 인물들이 많다는 것이다. 장동혁 국민의힘 대표, 곽상언 국회의원, 권은희 국회의원, 최지현 검사 등 일부는 연수원에서 본 기억이 있고 일부는 긴가민가하고 그렇다. 하긴 연수원 동기 중에 내가 선거에 출마할 거라 예상한 이가 얼마나 있었겠나.

2004년 1월 사법연수원을 제33기로 수료한 뒤, 인천에서 월급 받는 변호사로 활동을 시작했다. 월급 변호사였지만 내 사건이라는 생각으로 몰입하면서 일을 했다. 임신으로 몸은 무거웠지만 변호사 일이 참 재밌었다. 의뢰인으로부터 신뢰와 인정을 받고, 몇 년 동안 정리되지 못했던 사건들을 끝내면서 얻는 성취감이 컸다. 출산 후 서울에서 개업을 했다. 본격적인 영업을 해야 하는 상황을 맞이한 거다.

당시만 해도 만 34세 여성변호사로 재조 이력이 없는 변호사가 영업을 한다는 건 쉬운 일이 아니었다. 그래도 청년 변호사라는 이점과 주변 도움으로 대한변호사협회, 서울지방변호사회 등에서 일할 기회가 생겼고, 한국척수장애인협회, 대한의사협회, 한국석유공사 등에서 고문 변호사로 활동했다.

가정폭력, 아동학대 등에 관심이 많았던 만큼 가정법률상담소 백인변호사단에서 법률 상담 봉사를 열심히 했다. 한 번은 프로보노 사건으로 가정폭력 사건을 맡았는데, 우여곡절 끝에 모녀들을 악몽의 날들에서 벗어나게 할 수 있었다. 며칠 후 출근을 해보니 책상에 도넛 상자가 있었다. 모녀 중 딸내미가 감사하다고 놓고 간 거였다. 순간 뜨거운 눈물이 났다. 변호사가 되길 참 잘했다는 확신이 들었다.

이런 뜨거운 눈물을 흘린 경험은 구청장을 하면서도 몇 차례 있었다. 그 중 하나는 장애인의 날 행사에서 감사패를 받았을 때이다. '환한 미소 다정한 눈길'이란 글귀로 시작하는 감사패의 내용을 읽고, 나의 진심을 알아주셨다는 고마움에 뜨거운 눈물을 참을 수 없었다. GTX-D 강동구 경유가 확정된 때도 그런 눈물은 나지 않았다. 전심전력을 다한 끝에 성공을 하게 되면 "앗싸!" 하는 성취감과 승리감을 얻게 되고 그것도 더할 나위 없이 좋지만, 진심이 통했을 때 느끼게 되는 뜨거움은 내 선택과 일에 확신을 준다는 점에서 큰 차이가 있는 것 같다.

사람은 성격대로 일을 한다. 성격대로 정치를 하고 성격대로 행정을 한다. 변호사 영업도 마찬가지다. 공과 사를 잘 구별하는 편이지만 그렇다고 모진 성격은 못되고, 판에 박힌 말을 하는 것도 싫어하고 허풍도 떨 줄 모르다 보니 영업이 쉽지는 않았다. 패소 가능성이 큰 사건은 애초에 맡지 않았다. 착수금이 모두 지급되지 않았는데도 의뢰인의 사정을 봐주며 일을 시작했다가, 결국 대금을 받지 못한 경우도 많았다. 변호사 보수는 보통 일을 시작할 때 받는 착수금과 소송 결과에 따라 받는 성공보수로 나뉜다. 착수금이 다 들어와야 일을 시작하는 이유는, 일부 의뢰인이 급한 문제만 해결되면 잔금을 주지 않고 사라지곤 하기 때문이다.

사진 가운데, 사법연수원 시절의 나.
나름 '정직하고 착한 변호사'로 살아온 나를 믿어준 분들에게
감사 인사를 전하고 싶다.

한 번은 사기로 아들이 구속 되었다는 노모가 소개를 받아 나를 찾아왔다. 상담을 하면서 들어 보니 집안 형편이 너무 어려운 상황이고, 사건 내용이 사선 변호사든 국선 변호사든 실형을 받을 수밖에 없어서 결과에 있어 차이가 없을 것 같았다. 그래서 변호사는 국선 변호사 도움 받으시고, 괜히 변호사비로 아까운 돈 쓰지 말고 피해자들 중 한 명이라도 합의금을 주고 탄원서를 받아서 제출하는 게 더 낫다고 상담을 해주고 보냈다.

그런데 몇 달이 지난 뒤 그 노모가 다시 나를 찾아왔다. "변호사님 말이 맞았어요. 애가 실형을 받았어요."하면서 흐느껴 울었다. 그동안의 사연을 들어 보니, 나와 상담을 받은 뒤 다시 지인의 소개로 다른 변호사 사무실을 갔다고 한다. 거기서 집행유예로 나올 수 있다고 하면서 착수금으로 천만 원이 훨씬 넘는 액수를 제시했다고 한다. 노모 말은 그 변호사는 돈을 많이 번 변호사였다고, 그래서 구치소에서 빼어내 줄 수 있다는 말을 믿었다고 했다. 노모는 카드 대출을 받아 착수금을 갖다 주었고, 결과는 실형이었다. 그제야 노모는 내가 했던 말이 생각났고, 실형을 예측했던 나에게 마지막 희망을 갖고 온 것이었다. 돌이킬 수 없는 상황이었기에 다시금 2심에서 국선 변호인 도움 받지 사선 변호인 선임하지 말라고 강조하고, 다시는 나올 수 있다고 꼬드기는 사람들에게 속지 말라고 신신당부를 하고 보냈다.

그 일을 겪으면서 나는 한동안 자괴감과 허탈감에 빠졌다. 세상에서 인정하는 소위 잘 나가는 변호사는 못되지만, 나름 '정직하고 착한 변호사'로 살아온 게 허무하게 느껴졌기 때문이다. 보통 사람들에게는 돈을 많이 번 변호사가 실력 있는 변호사라고 여겨진다는 걸 그때 알게 됐다. 전부 그런 건 아니지만, 착시가 있다는 걸 그분들이 어떻게 알겠나.

내 고집을 부려봐야 나만 손해 보는 건 아닌가 하는 오만가지 생각이 들었다. 차라리 내가 선임했더라면 할머니 사정 봐서 낮은 수임료로 변호를 해주었을 거다. 그러면 결과적으로는 할머니 손해가 더 적었을 거고, 나도 일정 수입을 얻을 수 있었을 거다. 그게 더 나았던 게 아닐까. 그런 갈등을 겪던 끝에 엄마에게 넋두리를 했다. 그때 엄마의 말이 지금까지 나를 지켜주고 있다. 엄마는 이렇게 말씀하셨다. "선한 끝은 있어도 악한 끝은 없다고 했다. 지금 못 받으면 네 자식이라도 복 받을 거다."

그 덕분인지 2008년 첫 선거에서부터 의뢰인이었던 분들이 많은 도움을 주었다. 티 내지 않고 지인 찾기와 구전 홍보를 해주었다. 큰 도움을 받은 좋은 변호사였다고 지인들에게 말해주었다고 나중에야 문자로 알려오는 분들이 많았다. 이 지면을 빌어 그 분들께 감사 인사를 다시 전하고 싶다.

2장

15년 만의 당선, "고맙습니다"

정치인의 길, 정치인의 '끼'
낙선이 남긴 선물
정치에서 제1준칙, 누구도 무시하면 안 된다
2014년 서울시장 선거 이후 온 방송 활동 기회
비로소 초심의 실체를 알게 된 선거, 2022년 강동구청장 당선
구청장은 정치인인가
말에 책임지는 구청장

정치인의 길,
정치인의 '끼'

비록 정치외교학과를 전공하고 사회 문제에 관심이 많았음에도 불구하고 내가 선거에 출마하거나 정당 활동을 한다는 건 생각해본 적이 없었다. 정치가 중요하다고는 생각했고 그래서 투표를 안 한 적은 없지만, 타고난 반골 기질 탓인지 정치인에 대한 막연한 거부감을 갖고 있었기 때문이다.

내가 정치에 관심을 갖기 시작한 건 어쩌면 1980년 본고사 폐지로 우리 집에 큰 변화가 찾아왔던 때였을 수도 있다. 서울대학교를 목표로 본고사 준비를 해왔던 오빠가 고등학교 3학년 때 갑자기 본고사가 폐지되고 예비고사와 내신으로 입시 제도가 변경되면서 인생이 꼬이는 걸 보았기 때문이다. 준비할 시간도 주지 않고 급작스럽게 단행한 제도 변화가 한 개인에게는 어떤 비극이 될 수 있는지 초등학생이었지만 당시 나는 너무 부당하게 느껴졌다. 정치라는 용어도 권력이란 말도 몰랐지만 막연하게 대통령이 어떻게 일을 하는 게 국민에게 도움이 되는 건지 고민했던 것 같다.

그리고 고등학교 2학년 때 구독 중이던 동아일보 기사로 보았던 박종철 고문치사 사건 보도와 사설들부터 이후 생중계되었던 5공 청문회 등은 어딘지 나의 가슴을 뜨겁게 뛰게 만들었다. 입시 준비로 바쁠 때였지만 틈나면 교무실로 가서 TV로 생중계되던 청문회 장면을 지켜보았던 기억이 난다. 그렇게 정치부 기자가 되고 싶다는 생각에 정치외교학과를 선택했고, 부전공으로 신문방송학과를 선택했다.

돌이켜보면 이런 나의 관심과 성향은 초등학교 때 오빠가 사다 준 <엉클 톰스 캐빈>이란 책을 읽고 났을 때 방아쇠가 당겨진 것 같다. 아마도 초등학교 저학년 무렵이었던 것 같은데, 당시 고등학생이던 오빠가 서울대학교 진학을 목표로 입시 책들을 사기 위해 친구들과 서울 종로서적에 갔다가 나에게 그 책을 사다 준 것이었다. 보통 〈톰 아저씨의 오두막집〉으로 제목이 쓰여 있는데, 그때 오빠가 사 온 책은 영어 제목을 한글로 발음 나는 대로 썼던 걸로 기억한다. 영어를 몰랐기 때문에 제목이 무슨 뜻인지 아마 모르고 읽기 시작했을 거다. 하지만 단숨에 책을 다 읽었던 걸로 기억한다. 이전에도 이후에도 그렇게 몰입하면서 책을 읽은 적은 없었다. 그만큼 내용이 충격적이었고, 내 안에 있던 싹을 건드렸던 것 같다.

다 아시겠지만 소설 〈톰 아저씨의 오두막집〉은 미국 작가 해리엇 비처 스토가 1852년에 발표하여 큰 인기를 모으며 미국 사회에 큰 반향과 파장을 불러일으킨 소설이다. 미국 남부의 노예 제도 하에서 노예들이 겪었던 비참한 생활상과 가혹한 운명이 사실적으로 묘사된 작품이다. 링컨 대통령이 이 소설을 읽고 감명을 받아 저자 스토를 백악관으로 초청하여 환담했다는 일화가 전해질 정도다.

미국 역사를 알았을 리 없는 당시 나였기에 소설 내용에 어떤 역사적, 사회적, 정치적 배경이 있는지 알지 못하였지만, 흑인 노예들에 대한 비인간적인 대우에 대해 인간 본성상 자연스럽게 느끼게 되는 엄청난 분노를 느꼈던 기억이 난다. 이런 일들이 벌어지는 걸 막아야 한다는 식의 생각을 했던 것도 같다.

학교 때 반에서 회장을 하고 반장을 했던 것도 다 '끼'가 있어서였던 것 같다. 내 생각에 선거에 뛰어들 수 있는 사람은 기본적으로 일종의 '끼'가 있어서다. 대중을 만났을 때 활기가 돋고, 어려운 분들을 만나 얘기를 나누면 마음 밑바닥에서부터 마음이 저려 오면서 어려움을 해결해 주어야 한다는 소명 의식을 갖게 되는 거, 그게 정치인의 끼인 것 같다. 개인적으로 받게 되는 부당함에는 "무서워서 피하나 더러워서 피한다"는 마음으로 무시할 수 있지만, 사회에서 벌어지는 불공정에는 공분을 느끼며 뛰어들게 되는 거, 그게 정치인의 끼인 것 같다.

2008년과 2020년, 내 안의 끼를 일깨운 사건들이 있었다. 그 과정에서 인연처럼 만난 분들의 도움을 받아 나는 선거에 나서게 되었다. 현실 정치에 뛰어든 직접적인 계기는 민주화 운동가로 출발하여 제15대 국회부터 5선 국회의원을 지내고 특임장관을 지낸 원로 정치인, 이재오(1945~) 전 장관과 우연이라면 우연하게 만나게 된 일이다. 2007년 대선 상황에서 어떤 모임에서 당시 이재오 의원을 만나서 되바라진 발언을 한 게 계기가 되었다. 아마 이재오란 인물이 아니었으면 "별 싸가지 없는 젊은 여자 변호사를 다 봤다"는 식으로 치부될 수 있었던 발언이었다. 하지만 이재오 의원은 이런 나의 모습을 좋게 봐주었고, 주변에 "이수희 변호사라고 하는 물건이 하나 있다!" 면서 나에 대해 알아보라고 했다고 나중에 들었다.

당시 내가 그렇게 거침없이 말할 수 있었던 건 공천을 받겠다거나 다른 이득을 볼 기회를 받겠다거나 하는 자리 욕심이 전혀 없었기 때문이다. 그래서 평소 가지고 있던 생각을 그대로 숨김없이 직설적으로 말할 수 있었다. 청년이고 여성이었다는 점도 좋게 여겨졌던 것 같다.

한 번은 50대 들어서서도 중진 의원들 앞에서 그렇게 거침없이 말을 하니까 옆에 있던 후배가 조언을 해주었다. "젊을 때는 그런 게 기백으로 보이고 예뻐 보이지만, 어느 나이 이상이 되면 한 번 해 보자고 치받는 것으로 보일 수 있다. 선배 나이는 이제 그러면 안 되는 나이다"라고 일침을 가했다. 어떤 반박도 할 수 없는 맞는 말이었기에 그 말을 실천하려고 부단히 애쓰고 있다. 하고 싶은 말이 있어도 완곡한 표현이 안 되면 아예 말을 참거나 어떤 식으로든 완곡하게 표현하려고 애쓰고 있다. 그러다 한 번씩 불쑥 튀어나오는 경우가 있고, 그런 날은 저녁에 일기장에 반성문을 쓴다.

학창 시절 반장, 회장을 한 것도 다 '끼'가 있어서 아닐까 싶다.
선거에 뛰어들 수 있는 것은 일종의 '끼'가 있어서다.

낙선이 남긴 선물

　나는 제17대 대통령직인수위원회 법무행정분과 상임자문위원을 지내고, 2008년 제18대 국회의원 선거에서 한나라당 전략 공천으로 서울특별시 강북을에 출마했다. 선거가 어떤 것인지 자세히 알지 못했기 때문에 가능한 선택이었다. 한마디로 무식해서 용감했던 결정이었다. 강북을은 민주당 계열 정당의 텃밭인 곳이다. 어려운 지역이었기 때문에 내게 공천의 기회가 있었던 만큼 당선을 바라보고 최선을 다해 뛰었지만, 설사 낙선하더라도 좋은 정치 자산을 얻는 기회라고 생각했다. 선거 결과는 예상에서 벗어나지 않았다. 이른바 뉴타운 바람이 불었지만 37.83% 득표율로 2위를 기록하며 낙선했다. 통합민주당 후보와 3,442표(5.67%) 차이였다.

중앙당에서 공천을 받은 빚을 진만큼 낙선 후에는 다음 총선 때까지 지역 관리를 해야 한다는 책임감을 갖고 있었다. 당장 변호사 사무실을 옮기는 일부터 처리해야 할 문제들이 많았다.

이른바 전략 공천이었기 때문에 처음에는 지역 당원들과 조직이 나에 대해 그다지 협조적이지는 않았다. 그 분들의 심정을 이해하는 면이 있었기 때문에 서두르거나 무리하지 않고 협조를 구해 나갔다. 강북을 당협위원장으로 있던 4년 동안 많은 추억이 있다. 홍어애탕을 삼양동 식당에서 처음 먹어보고 홍어 맛에 빠졌고, 당협위원장인 나에게 자랑하고 싶어서 롤렉스시계를 찬 팔을 자꾸 들던 어느 회장님의 순수한 모습, 몸이 많이 불편한 어머니를 모시고 다니기 위해 다이너스티 리무진을 구매해서 타고 다니던 자수성가한 당원 등 어려운 시절을 견뎌낸 이 땅에 평범한 아버지와 어머니들을 많이 만날 수 있었던 시간이었다.

2012년 강북을 당협을 떠나면서 당직자들과 마지막 식사를 하던 때가 생각난다. 마지막 인사를 하는데 왈칵 눈물이 났다. 당협위원장 자리에 대한 미련이 아니라 그렇게 좋은 분들과 헤어지게 되는 게 만감이 교차하였다. 만 37세에 시작하다 보니 패기는 있었지만, 여러모로 경험이 부족했다. 그런 당협위원장을 그래도 잘 챙겨주었던 당원 분들께 이 지면을 빌려 거듭 감사 인사를 드리고 싶다.

다른 얘기로 2008년 첫 선거에서 만약 내가 당선되었다면 어떻게 되었을까? 아마도 아주 버릇없는 작자로 인생을 살았을 것 같다. 인생이든 선거든 죄다 쉬워만 보였을 거고, 유권자의 마음을 얻기 위해 노력하기보다 더 나은 기회를 얻기 위해 여기저기 기웃거리는 룸펜이 되었을지도 모르겠다. 좋은 정치인으로 성장했을 가능성은? 글쎄, 그렇게 되지는 않았을 것 같다. 준비되지 않은 채 권력과 지위의 맛을 너무 일찍 알게 되면, 그것은 오히려 독이 되는 경우를 나는 여의도에서도, 지역에서도 숱하게 보아 왔기 때문이다.

구청장 당선 전 '여의도'를 간접 경험하며 인생의 큰 교훈을 얻었다.
즉, 사람을 볼 때 신중해야 하고, 대하는 자세는
언제나 겸손해야 한다는 깨달음이었다.

정치에서 제1준칙,
누구도 무시하면 안 된다

 2014년 서울시장 선거와 새누리당 비대위원을 거쳐 2021년 대선 경선에서 대변인으로 활동하면서 여의도 핵심부를 간접적으로나마 조금은 겪어 보았다. 거기서 인생의 큰 교훈을 얻었다. 한마디로 '누구도 무시하면 안 된다'는 준칙이다.

 여의도에는 별별 사람들이 다 있다. 그러다 보니 이력이나 세평에 있어 편차도 심하다. 심지어는 배지를 달고 있거나 공천을 받은 사람들 중에도 고개가 갸우뚱해지는 경우를 봤다. 나만이 아니라 다른 사람들도 뒤에서 수군거릴 정도인 사람들을 봤다. 30대 후반에 그런 분들을 봤을 때는 뒤에서 흉을 보기도 하고, 공천이 이런 식이면 안 된다는 등 함부로 평을 했다.

하지만 나중에 그런 분들 중에 어떤 분들은 시간이 흐르고 경험이 쌓이면서 같은 사람인가 할 정도로 발전한 모습을 보이기도 했고, 어떤 분들은 나의 정치적 목줄을 쥐는 자리에 가 있는 경우도 맞닥뜨렸다. 한때 또는 어떤 특정 상황에서 본 그 사람의 모습만을 기준으로 함부로 재단하면 안 된다는 교훈과 '어느 구름에 비가 있을지 모른다'는 여의도 격언처럼 어떤 사람과 어떤 위치에서 다시 보게 될지 전혀 알 수 없는 게 여의도 이치라 어떤 사람과 의견을 달리할 수는 있지만 감정까지 상하게 하면 안 된다는 교훈을 얻었다.

그리고 어느 정당 소속이든 여의도에서 국회의원이 되었다면 그 사람은 어느 한 가지 출중한 재주는 갖고 있다는 걸 알게 되었다. 지적 능력이나 업무 능력, 화려한 이력만이 재주가 아니다. 옳고 그름을 떠나 돈이 많아 잘 베풀든지, 행사 때마다 먹을 걸 잘 챙기는 재주든지, 술을 잘 마시고 농담을 잘해서 모임을 재밌게 이끄는 재주든지, 아부를 아트(art) 수준으로 잘하는 재주든지 그 어떤 거든 굵직한 한 방을 갖고 있는 사람들이란 사실이다. 나이가 들어가면서 그런 재주들도 좋게 보기로 했고, 세상에 내가 무시할 수 있는 사람은 아무도 없다는 생각을 갖고 살아가고 있다.

2014년 서울시장 선거 이후 온
방송 활동 기회

처음 출마했던 2008년과 2020년 총선 출마 사이 13년 동안 나는 가장으로서 변호사 업무를 계속했다. 그러면서 이화여자대학교 공공정책대학원에서 공공정책학 석사과정을 밟아 학위를 취득했고, 방송 시사 프로그램에 패널로 출연하여 정치 평론을 하고 상대 당 패널과 논쟁을 펼치기도 하였다.

정치 패널로 방송에 출연하게 된 계기는 2014년 서울시장 선거에서 대변인으로서 여러 프로그램에 출연하여 민주당 박원순 후보 측과 치열하게 논쟁하게 된 게 인연이 되었다. 몇몇 프로그램의 PD들이 나의 논쟁 태도를 인상 깊게 보았다면서 연락이 왔다.

첫 시작은 YTN 라디오였다. 그리고 뒤이어 종편 채널A에서 연락이 왔다. 첫 TV 출연은 거의 방송사고 수준이었다. 앞에서 이미 밝혔지만 몇 년 동안 드라마 제작 현장에서 스태프로 일해보았기 때문에 방송사와 스튜디오가 낯설지 않았다. 하지만 시사 보도 스튜디오는 생경했고, 방송 중에 스튜디오를 살펴보다가 진행자 질문을 놓치기도 하는 등 생방송에서 얼빠진 짓을 했다. 보수 패널로 나가서 상대방을 두둔하는 듯한 논평을 해서 진행자가 살짝 당황하는 듯한 모습도 나왔다. 그래도 잘리지 않고 이후로 계속 연락이 온 게 신기하다.

나중에 그 이유를 PD에게 물어보니, "소신대로 솔직하게 발언해서 좋았다. 너무 한쪽으로 치우치지 않고 합리적인 대안 제시도 있어서 좋았다"고 평해 주었다. 과분한 평가이지만, 그래도 기분이 좋았다. 2020년 총선에 출마하였을 때 나의 논평을 좋아했다면서 팬이라고 말씀하시는 분들을 만날 때는 더 기분이 좋았다. 2020년 총선 때까지 13년은 일종의 정치적 휴지기였다고 볼 수도 있겠으나 사실은 그렇지 않았던 것이다.

기억에 남는 논평으로는, 박근혜 대통령 탄핵 이후 치르게 된 대선에서 민주당 의원들이 유세 현장에서 춤을 추는 일이 있었는데, 그걸 보고 "탄핵 이후 치러지는 이 대선이 저렇게 춤 출 선거는 아니지 않느냐. 우리 정치사에 불행한 대선이다. 자중해야 한다"고 했던 논평이다. 오비이락인지는 모르겠지만, 다음 날 민주당 유세 현장에서 춤을 추지 말라는 지시가 있었다고 들었다. 당시 민주당에서 방송 모니터링을 철저하게 하고 있었다고 들었는데, 그때 저 논평을 듣고 조치가 이루어진 게 아닌가 하는 생각이 들면서 논평에 대한 책임감과 효능감을 동시에 느낄 수 있었다.

내가 방송 패널로 출연할 때는 방송사에서 운영하는 채널이든 개인 채널이든, 유튜브 채널이 지금처럼 많을 때는 아니라서 프로그램이 주로 TV 중심이었다. 그러다 보니 신변잡기식이나 굳이 밝힐 필요 없는 막후의 사실들을 가감 없이 경쟁하듯 적나라하게 털어놓는 지금과 같은 유튜브식 프로그램은 거의 없었다. 나는 무대 뒤에서 벌어진 일들을 너무 파헤치거나 드러내는 건 지양해야 한다는 입장이다. 그래서 어쩌면 유튜브보다 TV 중심이었던 그때 방송 환경이 나 같은 유형의 패널에게는 다행이었다 싶다.

비로소 초심의 실체를 알게 된 선거, 2022년 강동구청장 당선

2022년 제8회 전국동시지방선거(민선 8기)에서 서울 강동구청장으로 당선됐다. 국회의원 선거 두 번, 자치단체장 선거 한 번, 세 번의 도전 끝에 선출직 공무원으로 헌신할 기회를 얻게 된 것이다. 처음 출마했던 2008년을 기준으로 하면 15년 만의 당선이었다. 3자 구도로 치러지는 선거여서 내게 절대적으로 유리하였기 때문에 당선을 거의 확신하면서도 혹시 모를 변수에 대비해서 선거 전략을 세웠다. 그리고 열심히 발로 뛰었다. 한 명의 유권자라도 더 만나기 위해 밤늦은 시간까지 식당을 돌아다녔다. 강동갑 지역은 이미 총선을 치러서 그래도 잘 알고 있었지만 강동을 지역은 생소한 면이 있었다. 예비 후보 때 준비한다고 하기는 했지만, 인지도를 만회하기 위해 더 공을 들였다.

2022년 지방선거에서 강동구청장으로 당선됐다.
'고마움을 잊지 말자'는 초심을 다시 다짐한다.

사람들은 흔히 초심을 잃지 말라는 조언을 하고, 초심을 잃지 않겠다는 공언을 한다. 초심이란 과연 뭘까? 처음 시작할 때 마음이란 사전적 의미는 알겠는데, 과연 정치인에게 그리고 나에게 초심은 무엇인가? 부끄러울 수 있는 고백이지만 선거에 나선 정치인으로서 초심이란 게 뭔지 강하게 느끼게 된 건 당선을 경험한 2022년 강동구청장 선거였다.

내가 생각하는 정치인의 초심은, 어쩌면 저 유권자의 한 표가 나의 당락을 좌우할 수도 있다는 생각으로 한 명의 유권자라도 더 만나서 나의 진심을 전달하고 호소하고자 하는 그 절절하고 간절하면서 절박해하던 바로 그 마음이 초심인 것 같다. 그런 마음이 들면 유권자 한 사람 한 사람이 그렇게 소중할 수가 없다. 그리고 그 고마움으로 인해 빚을 갚는 심정으로 맡은 자리에서 반드시 일을 잘 해내겠다는 책임감을 갖게 되는 것 같다.

한마디로 정치인의 초심은 '고마움을 잊지 말자'가 초심인 것이다. 당선 소감의 첫마디도 "감사하다"였고, 지금도 모든 인터뷰에서 "일할 기회를 주신 구민들께 감사하다"는 말로 맺는다. 나를 지지했건 아니건 상관없이 나에게 이런 기회를 주신 구민들에게 지금 이 시간까지도 나는 표현할 수 없을 정도로 고마움을 느끼고 있다. 구청장이라고 반갑게 악수에 응해주시는 분들을 만날 때마다 '잘해야지' 하는 자기 다짐을 하게 된다.

구청장은 정치인인가

주민들을 만나다 보면 "다음에는 국회로 가야지"하는 분들을 만나게 된다. 내가 총선에 출마한 이력이 있어 그런 말씀들을 하시는 것도 같고, 국회의원을 구청장보다 높은 지위로 보기 때문인 것도 같다. 그리고 어떤 주민들은 어느 당 소속이냐고 묻고는 본인이 지지하는 정당이 아닌 걸 알게 되면 실망하거나 외면하는 경우도 있다. 그렇게 구청장을 정치인으로 보는 분들도 있지만, 내가 국민의힘 소속인 걸 알지만 아예 정당을 따지지 않고 행정가로서 나를 평가해주시는 주민들도 있다. 그렇게 구청장은 정치인이 아니라고 생각하는 분들도 있다.

단적으로 구청장과 국회의원을 단순 비교해보면 국가를 바꾸고 싶으면 국회의원이 되어야 하고, 도시를 건설하고 싶으면 단체장이 되어야 한다.

우리나라 지방자치에서 기초자치단체장인 구청장은 정치인인가 아닌가 하는 질문은 답하기 쉽지 않은 것 같다. 공직선거법상 구청장은 공무원에 준하여 정치적 중립의무를 지고 있다. 그래서 어떤 정치적 발언도 하면 안 되고, 심지어 어떤 기사에 좋아요 하트를 누르는 것도 하면 안 된다. 구청장에게 정치적 중립의무가 있다는 사실을 알고 있는 주민들은 그리 많지 않은 것 같다. 특정 정치 이슈가 있을 때 내게 의견을 밝히라고 하시는 분들도 제법 되기 때문이다.

구청장으로서 일을 하고 있는 내 시각에서 답한다면 구청장은 기본적으로 행정가이지 정치인이 아니다. 법령상 정치 행위를 할 여지가 없는 것도 이유이지만, 현실적으로 구청장의 업무 자체가 모두 순전히 행정 업무이어서 정치색에 따라 달라질 게 그리 많지 않다고 생각한다. 행정에 오히려 정치색이 들어오면 꼬리가 몸통을 흔드는 경우도 생길 수 있고, 행정의 보편성이 흔들릴 위험이 있다는 입장이다.

행정절차에 있어서 특히·정치색이 끼어들면 그 결과에 대한 신뢰를 의심받게 되고, 겪지 않아도 될 불필요한 갈등과 분란을 일으키게 된다. 국회의원은 입법 활동을 통해 국가의 체계와 관련된 업무들을 하기 때문에 같은 생각을 하는 편과 반대하는 편으로 편이 갈릴 수밖에 없지만, 행정은 그렇지 않다. 행정은 체계와 관련되기보다 대부분이 사업 위주로 실행되기 때문이다(물론 양 정당 간에 대별 되는 관념들과 소신들도 있다).

그리고 구청장은 정무적 감각이 필요하지만 그와 동시에 중앙 정부, 서울시 그리고 구정 업무와 관련 있는 다수의 기관들로부터 협력을 얻어내는 능력, 즉 언변과 카리스마가 더 필요한 것 같다. 그러기 위해서는 경력을 통해 구축해 온 다양한 인맥이 필요하고, 그들을 설득할 수 있는 열의와 논리력을 갖고 있는 게 더 중요한 것 같다.

말에 책임지는 구청장

아무리 구청장이 정치인이 아니라고는 하지만 구청장으로서 일하는데 정무적 감각은 필수 요건이다. 정무적 감각은 동물적 감각처럼 타고나는 것도 있지만, 유사한 경우에 어떤 파장이 있었는지 직간접적으로 경험하면서 얻어지는 경우가 더 많은 것 같다. 그동안 여의도에서 경험한 선거들과 정당 활동이 나의 정무적 감각을 키우는데 큰 도움이 되었다. 특히 서울시장 선거 캠프에서 대변인으로 공보 업무를 한 경험과 정치외교학과 공공정책학을 공부한 것, 그리고 구청장 당선 전까지 18년 동안 변호사로서 다양한 사건들을 대리하면서 쌓아온 내공이 큰 도움이 되고 있다.

여러 경험과 나의 기질을 바탕으로 해서 내가 지키려고 하는 구청장의 역할은 첫째 주민이 겪는 어려운 문제를 해결하는, 민원 해결사로서 일 잘하는 능력 있는 행정이다.

오랜 시간 동안 해결하지 못하고 있는 민원은 어느 후보든 해결하겠다고 공약으로 내놓는다. 약속이 허언으로 끝나지 않으려면, 이전에 해왔던 방식에서 벗어나는 것이 해결의 첫 단계인 것 같다. 해결하려고 오랜 시간 동안 노력은 하고 있지만 작년이나 올해나 같은 방식으로 해결하려는 사안이나, 여러 차례 시도해 봤지만 기술적인 문제로 해결이 안 되고 있었던 사안, 업무 관할 문제로 협력 기관의 말만 믿고 그 기관에서 해결해야 한다고 소극적으로 진행했던 사안 등이 그에 해당하는 예일 것 같다. 구체적으로는 길동역 에스컬레이터 설치, 고덕강일3지구 초등학교 신설 및 둔촌1동 유치원 및 중학교 신설 등이 그에 해당하는 민원이 될 것이다.

길동 에스컬레이터 설치는 공사 기술 문제 때문에 사실상 설치가 불가하다고 알고 있었지만, 서울시와 전주혜 의원, 서울시의원들 그리고 강동구청 관련 부서들과 주민들의 협조로 새로운 공법을 찾아내어 공사를 진척시킬 수 있게 되었다. 고덕강일3지구 학교 신설은 SH에 공사비를 부담시키려던 교육청의 계획이 관련 법령상 불가하다는 걸 부서에서 찾아내어 주민들의 협조 아래 교육청의 예산으로 공사비를 충당하는 신설 계획을 끌어낼 수 있었다. 둔촌1동 유치원 및 중학교 신설은 서울시와 교육부, 서울시교육청 등을 수차례 방문하며 대안을 찾으려고 노력한 끝에 원하는 대로 결과를 얻어낼 수 있었다. 그 외에도 동명근린공원 주차장 출입구 문제 등 많은 해묵은 민원들을 해결하였고, 일할 기회를 주신 주민들께 큰 빚은 갚았다는 마음이다.

한편 주민들이 생각하는 구청은 비유하자면 친정이고 구청장에게는 친정 엄마 같은 역할을 기대하는 것 같다. 강동구 안에서 맞닥뜨리는 어떤 일이든 제일 먼저 강동구청을 떠올리고, 신고든 민원 제기든 하는 모습들을 보고 든 생각이다. 그러다보니 공무원들의 대민업무 강도가 갈수록 세지고 있다. 그런데 구청에 오는 대부분의 민원은 생활 밀착적인 내용이고, 반복되는 범주 안에 들어있는 내용들이 대부분이다. 그런 대동소이한 민원들이 갖는 함정이 있다. 겉으로는 평범한 민원인 것 같지만 더 들여다보면 한 사람 또는 한 가정의 운명을 바꿀 수도 있는 민원들이 있다. 그래서 매너리즘을 경계하고 늘 긴장하면서 옥석과 중요도를 가리는 것이 필요하다.

"이수희 구청장이 안 된다고 하는 일은 진짜 안되는게 맞더라. 해준다는 건 약속을 지키더라. 공연히 기대를 품게 안 해서 오히려 그게 더 좋더라"는 말을 듣고 있다. 감사한 일이다.

구청장이 되어서 보니 1월부터 12월까지 해야 하는 일이 매년 반복적으로 이뤄지고 있었다. 그리고 사업이나 행사도 매년 같은 달에 이뤄지고 있었다. 그러다 보니 특별한 정책 사업이나 큰 프로젝트가 없으면 작년이나 올해나 크게 다를 게 없어 보이는 한 해가 지나가는 식인 것 같다. 마치 집안일처럼 겉보기에는 티가 안나지만 막상 해보면 한도 끝도 없이 힘든 일인게 구청 업무다. 그러다보니 처리해야 할 일은 많지만, 성취감을 느낄 만한 일은 의외로 많지 않은 것이 구청 업무의 특징인 것 같다. 이런 환경은 자칫 매너리즘에 빠질 수 있는 위험이 있다고 생각한다.

그래서 임명직이 아닌 선출직 구청장의 존재 이유와 가치가 있다고 생각한다. 선출직 구청장의 공약 사업과 같은 프로젝트성 사업이 있어야 큰일을 경험할 기회도 생기고 성취감도 경험할 수 있게 될 거라 기대하기 때문이다.

두 번째는 이익형량을 통한 적절한 예산 분배와 구체적인 성과를 통해 주민의 보다 나은 삶을 보장하는 행정이다.
여기에서 성과란 수익성만으로는 평가할 수 없는 공익(公益)에 주안점이 있음은 당연한 해석이다. 하지만 그 공익에 있어서도 기회비용을 따져보아야 하고, 비용 대비 수익성도 따져보아야 한다고 생각한다. 그래서 취임 초부터 어느 사안보다도 예산에 관해 관심을 가졌고, 주민들께 강동구 예산 규모와 한계를 설명 드리고, 그런 한계 속에서 예산을 어떻게 효율적으로 쓸 계획인지에 관하여 중점을 두고 설명을 드렸다.

이전에 시행된 사업이나 정책 중 기회비용 면에서 적절하지 않은 사업은 과감하게 정리하거나 축소하는 등의 조치를 하였다. 예컨대 어떤 시설을 설립하여 위탁을 주어서 운영하는 경우, 사업비보다 운영비가 너무 과도하게 지출되고, 이용하는 사람도 적은 경우에는 과감하게 정리할 필요가 있다는 입장이다. 들어간 사업비를 차라리 이용자에게 현금으로 나눠주는 게 비용이 덜 드는 구조라면 그 시설의 운영 자체가 비합리적임이 자명하기 때문이다.

실제 이전에는 구청에서 텃밭으로 쓸 땅을 구 예산으로 임대료를 내고 임차한 뒤 무상으로 텃밭을 분양해주는 방식으로 사업을 하였는데, 이를 텃밭을 유상으로 분양하는 방식으로 바꾸고(저소득층, 한부모가정, 장애인 등 무상으로 분양하는 일부 텃밭은 그대로 유지하였다), 대신 차액의 예산들을 모아 어린이집 0세반 아동 대 교사 비율을 1:3에서 1:2로 바꾸는 사업을 시범 운영하였다.

세 번째는 말에 책임지는 구청장이다.

구청장으로서 한 명이든 여러 명이든 주민 앞에서 공언한 말에는 꼭 책임을 져야 한다는 게 나의 지론이다. 그래서 주민들의 민원에 대해 답을 할 때 "안 되는 건 안 된다고, 되는 건 최선을 다해서 이루어질 수 있도록 하겠다"고 답한다. 그 자리를 모면하기 위해서, 아는 사람이라 면(面)이 받쳐서 안 될 게 뻔한 일을 마치 해줄 수 있는 것처럼 말하는 건 경우에 따라서는 '기만'이라고 생각한다. 의례적인 말이라고 쉽게 넘기는 사람도 있을 수 있지만, 오히려 순진한 사람은 구청장의 말을 그대로 믿을 가능성이 높다고 생각한다. 그러면 그런 순진한 사람에게 공연히 희망 고문을 한 셈이 되는 것이다.

처음에는 부정적인 피드백이 제법 있었다. 기껏 얘기했더니 검토해보겠다는 말도 없이 안 된다고 했다면서 서운해 하거나 심하게는 무시당한 것 같아 불쾌하다며 심지어 욕을 하는 경우도 전해 들었다. 하지만 조금의 시간이 흐른 뒤에는 감사하게도 주민들께서 "이수희 구청장이 안 된다고 하는 일은 진짜 안되는 게 맞더라. 그리고 해준다는 건 약속 지키더라"거나 "공연히 기대를 품게 안 해서 오히려 그게 더 좋더라"는 말을 듣고 있다.

관련 법령상 아예 할 수가 없는 일인데도 이를 알려주지 않고 노력하고 있다거나, 예산 문제로 후순위로 밀릴 수밖에 없는 사업인데도 조만간 해줄 수 있을 것처럼 막연한 기대를 갖게 하는 건 행정력의 신뢰를 떨어뜨리게 할 수도 있고 계속되는 민원 응대로 행정력을 낭비시키게 된다. 반면에 법령상 가능하고 어렵더라도 명분과 실리 그 어느 하나에 있어 필요한 사업이란 판단이 들면 "해보겠다"고 답을 하고 꼭 결과가 나올 수 있도록 어떤 방도든 찾아보려 한다. 주민들의 집단적인 힘을 등에 업는 것이 더 효과적이겠다 싶은 사안에서는 도와달라고 솔직하게 말하고 손을 내민 적도 있다.

여담으로 말의 책임과 관련하여 시행착오 하나를 고백하고자 한다.

구청장에 취임하자마자 면담을 하게 되는 직능단체나 민원인들은 거의 모두 이런저런 부탁을 하는 경우였다. 구청장으로 업무를 시작하면서 부담도 컸는데, 만나는 분마다 예산 증액이나 어려운 민원을 해결해 주길 바랐다. 후에 돌이켜보니 의례적이고 일상적인 민원인 경우도 많았는데 당시로는 내가 다 책임지고 해주어야 한다고 받아들었기 때문에 어느 순간에는 정신적으로 감당이 안 되는 느낌마저 들었다. 게다가 립서비스에 서툴고 낯가림이 있는 개인적인 성격까지 가세해서 스트레스가 심했다. 당연히 얼굴 표정이 굳어있는 경우가 많았다. 이제는 그런 민원에 립서비스도 할 줄 알게 되었다. 그래서 그때의 나를 기억하는 분들은 지금 활짝 웃고 다니는 나를 보고 많이 변했다고 이제는 여유가 느껴진다고 말들 하신다.

네 번째는 민간 부문의 자율성을 최대한 보장하는 행정이다.
인·허가와 관련한 민원을 받을 때 주민들께 드리는 말씀이 있다. "민간의 발목을 잡는 행정은 하지 않습니다." 행정 서비스는 재난 대비나 안전 문제처럼 적극적이고 예방적인 서비스도 많지만, 민간 부문의 자율성 보장은 꼭 지켜야 하는 선이라고 생각한다. 어떤 경우에는 구청이 조합이나 입주자대표회의 같은 민간 부문에 적극적으로 개입해주길 원하는 민원도 있다. 예외적으로 명확하게 불법적이거나 부당한 일이 벌어지고 있고, 그로 인해 많은 주민들이 피해를 보는 경우에는 적절한 선을 지켜 개입을 하고 있다. 하지만 그 선이 입장에 따라 적절할 수도 아닐 수도 있어 행정처리를 할 때마다 조심스럽다. 올림픽파크포레온 아파트가 공사 중단 후 우여곡절 끝에 공사 재개가 되었을 때 우리 구청은 TF를 구성하여 정기적인 회의를 통해 공사 일정을 독촉하고 관리하는 첫 사례를 만들었다. 다른 얘기지만 적법과 불법을 판단해주는 사법 기능까지도 구청에서 해주길 바라는 경우도 왕왕 보게 된다. 그런 때는 어떤 분들에게는 구청장과 사또가 비슷한 직책으로 보이는가보다 싶은 생각을 하게 된다.

이상과 같은 바람직한 행정 또는 구청장의 모습, 이 모든 것의 바탕에는 결국 사람에 대한 연민이 있어야 한다고 생각한다. 다른 사람의 불행을 불쌍히 여기는 마음, 곧 맹자(孟子)가 말한 측은지심(惻隱之心)이다. 애민 정신도 다 마찬가지 마음일 것이다. 돈도 빽도 없는 그야말로 기댈 데라고는 하나도 없는 주민을 만나면 내가 그 분의 기댈 언덕이 될 수 있다는 게 기쁘다. 마지막 기대를 안고 구청장을 찾아올 때 어떤 심정이었을지 그 마음을 알기 때문에 구청장으로서 일할 수 있는 지금이 감사하고 감사하다.

3장

현장이 내게 가르쳐 준 리더십

우문현답과 자기 전에 머리를 꼭 감아두는 이유
의전 간소화와 주민 중심의 행사 진행
습관에서 벗어나기
區廳長은 求聽長, 함께 소통하여 뜻을 모은다
공평무사, 불편부당, 적재적소의 인사 원칙
여성 리더십이라는 게 따로 있을까

우문현답과
자기 전에 머리를 꼭
감아두는 이유

구청장으로 일을 하면서 긴장을 늦춰본 적이 하루도 없는 것 같다. 비 예보가 있는 경우에는 빗소리를 듣기 위해 창문을 열어두고 잠을 잔다. 혹시라도 폭우가 오는 걸 놓칠까 싶어서다. 듣기에 따라 웃긴 얘기일 수 있는데, 불이나 사고가 나서 긴급하게 나가야 할 상황을 대비해 자기 전에 꼭 머리를 감아둔다. 그 와중에 외모 타령을 하는 게 아니라 머리카락이 말끔하지 않으면 집중이 안 되는 징크스가 있어서 그런 준비도 해두는 것이다.

사고 현장에 가야할지 여부를 판단할 때 정무적 판단만 해서는 안 된다는 걸 구청장이 되어서 비로소 알게 된 게 있다. 구청장이 현장에 출동한다고 하면 사안이 가벼운 경우조차도 국장

현안 해결의 첫걸음은 책상 위가 아니라 현장에서 시작된다.
우리의 문제는 현장에 답이 있다.

들과 간접적인 관련만 있는 부서장들까지 모두 현장에 나오게 된다는 사실이었다. 그리고 구청장이 있으면 각 부서에서 독자적으로 판단해서 일을 처리하기보다는 눈치를 보는 것 같은 느낌을 받았다. 그런 사달을 막기 위해 사고가 났다고 했을 때 출동할지 말지는 정무적 이익보다는 실제 구청장의 참여가 필요한지를 따져 결정하고 있다.

흔히 구청장을 3D 업종이라고 한다. 쉴 새가 없고, 관내 모든 일에 있어 책임을 져야 하기 때문에 그렇게 불리는 것 같다. 그러다 보니 의원들과 자연스럽게 비교를 하게 된다. 단체장과 의원(국회, 지방의회 모두)의 가장 큰 차이는 단체장은 조직의 장이고 의원은 의회의 구성원이란 점이다. 단체장은 보고와 결재를 통해 행정 업무를 직접 수행하고, 그 업무에 법적·정치적 책임을 진다. 하지만 의원은 행정에 대한 견제 기능만 하기 때문에 법적 책임이 없다.

그러다 보니 구청장은 사무실에서 해야 하는 문서 업무가 상당히 많다. 결재선에는 없지만 미리 보고를 받고 결정을 해주어야 하는 사안들과 구청장이 꼭 결재를 해야 하는 사안들이 있다. 개인의 업무 스타일에 따라 행정 업무는 부구청장에게 맡기고 구청장은 사무실보다는 지역을 돌아다니는 것에 더 의미를 두는 구청장도 있는 것 같다. 하지만 나는 초선인 구청장은 그렇게 해서는 구청장이 구정 돌아가는 상황을 놓치기 쉽고, 그만큼 사고가 날 가능성도 높아진다고 생각한다. 만기친람(萬機親覽)이 되어서도 안 되지만 숲을 보듯이 각 부서에서 돌아가는 굵직한 업무 정도는 파악하고 있어야 하고, 어떤 민원들이 현재 진행되고 있는지는 구체적으로 꼼꼼하게 알고 있어야 한다고 생각한다. 보고 탁자에서 이뤄지는 문서 업무를 등한시해서는 이런 상황들을 파악하기가 불가능하다.

반면에 사무실에서 보고만 받고 있으면 큰 착각에 빠지게 되는 것 같다. 어떤 사업에 문제나 민원이 없는 것처럼, 일이 잘 풀리고만 있다는 착각에 빠지게 된다. 그래서 현장이 중요하고 동시에 당직·숙직 보고서, 강동구에 바란다 등 다양한 루트로 들어오는 민원들을 모두 보고 받는 것이 중요하다고 생각한다.

우문현답(愚問賢答). 글자 그대로 풀이하여 '어리석은 질문에 대한 현명한 대답'이라는 뜻이다. 그런데 우문현답이 다른 뜻으로 쓰일 때가 있다. '우리의 문제는 현장에 답이 있다'라는 말에서 앞 글자 네 개를 딴 것으로 쓰이기도 하는 것이다. 기업 경영에서든 정부나 자치단체 행정에서든 현장에서 문제점을 발견하고 그에 대한 해결방안도 현장에서 찾을 수 있고, 또 그렇게 해야 한다는 뜻이다. 그만큼 현장의 중요성을 강조하는 것이다. 구청장으로 취임한 이후 업무 스타일을 지켜본 기자들이 인터뷰 자리에서 중앙 부처든 협력기관이든 많이 다니는 것 같다면서 나의 리더십을 '발로 뛰는 리더십'이라고 평가해주었다. 과분하지만 기분 좋은 평가이다.

현장에는 관내 민원 현장이 있고, 현안 사업을 해결하기 위하여 찾아가야 하는 중앙 부처와 서울시, 협력 기관 등이 있다. 관내 민원 현장은 민원이 제기된 이후에 당사자들 얘기를 직접 듣고 보기 위해 가는 경우와 사고 예방 등의 차원에서 미리 돌아보는 경우가 있다.

선사축제나 지하철 8호선 연장 개통처럼 혼잡으로 인한 안전 문제를 대비할 예방 행정이 필요한 경우에 나는 일종의 '모의실험(시뮬레이션)' 방식을 통해 혹시라도 놓치는 고려 사안이 없는지 주의하고 있다. 취임하고 처음 선사축제를 준비할 때 행사를 치러본 직원들에게 이전에 어떤 문제가 있었는지를 물어서 기본적인 문제는 해결해두고, 현장에 가서는 내가 축제의 관객이라고 했을 때 어떤 동선을 따라 움직일지 등을 상상하면서 안전 문제를 확인했다.

　지하철 8호선 연장 개통을 앞두고 혼잡도 문제에 대처하기 위하여 서울시를 찾아가고, 경기도지사와 면담 일정을 추진하는 등 관련 기관들과 협조를 얻기 위해 직접 나섰다. 그리고 부서와 함께 수차례 천호역 등 현장을 방문하여 시뮬레이션 방식을 통해 내가 암사역에서 타서 잠실역까지 출근한다면, 내가 천호역에서 내려서 5호선으로 환승을 한다면 등 상상을 통한 동선으로 문제점을 파악하고 관련 기관에 대책을 요구하였다.

　모의실험(시뮬레이션) 방식은 다양한 사안에서 활용하고 있다. 예컨대 암사역사공원 설계를 점검할 때 내가 방문객이라고 상상하면서 설계도를 살펴보는 것이다. 강동숲속도서관과 강동중앙도서관 개관을 준비할 때도 마찬가지로 방문객의 입장에서 시설과 인테리어를 준비하려 애썼다. 이런 방식은 관(官)이 빠지기 쉬운 실수인 공급자 중심의 사고에서 벗어날 수 있게 해주는 것 같다. 수요자 중심으로 시각을 바꾸면 많은 것이 달라진다는 걸 3년 내내 체험하고 있다. 주민 중심의 행사로 의전을 바꾼 것이 그 대표이다.

GTX-D 강동구 유치, 고덕대교 명칭, 고덕강일지구와 둔촌2동 학교 신설, 고덕비즈밸리 환경 정비 등 많은 현안을 해결하기 위하여 중앙 부처와 다른 기관들의 협조가 필수인 경우 구청장인 내가 가장 먼저 상대 기관을 방문하고 장을 만났다. 아는 분이 기관장으로 있으면 더 매끄럽게 얘기를 나눌 수 있지만 초면이라고 크게 불리할 것은 없다. 구청장이 직접 가서 설명하고 협조를 구한다는 자체가 우리 강동구의 의지를 보여주는 의미가 있기 때문이다. 그런 때 나는 흡사 중세 시대 성 공격을 앞두고 맨 앞에서 지휘를 하는 장군의 심정을 가지려고 애쓴다. 이 전투의 책임은 온전히 내게 있고 구청장까지 나섰는데 패배는 있어서는 안 된다는 결기 같은 것이다. 상대 기관이 너무 미온적이고 소극적으로 나서는 경우에는 의도적으로 화를 낸 경우도 있었다. 결례이지만 성과를 내기 위해서는 나의 평판 따위는 그리 중요하지 않다.

구청장으로서 첫 지시는
의전을 주민 중심으로 바꾸자는 것이었다.
주객이 전도된 관행을 바로잡고
주민을 행사의 주인공으로 모시고자 노력했다.

의전 간소화와
주민 중심의 행사 진행

　3자 구도 속에서 당선을 기대하기는 했지만, 막상 정말로 당선이 되자 기쁨과 동시에 말할 수 없는 책임감이 밀려 들어왔다. 선거관리위원회로부터 당선증을 받는 자리에 엄마와 함께했다. 엄마가 우실 줄 알았는데 담담한 표정이어서 나는 더 좋았다. 우리 엄마다운 모습이었기 때문이다. 자리보다는 일에 대한 책임감을 더 먼저 생각하는 우리 모녀의 개념이 그렇게 드러나고 있었다. 대통령도 일 못하면 옆집 개 이름만도 못하게 불리는 게 민심이다. 일을 잘하는 게 가장 중요하다고 생각했기 때문에 당선의 기쁨보다는 책임감으로 인한 부담감이 더 컸다.

　당선 이틀 후 바로 인수위를 꾸리고 공식적인 업무를 시작했다. 그리고 2022년 7월 1일 강동구청으로 첫 출근을 하였다. 취임식을 대비해서 새 옷을 장만했다. 평소 50% 이상 할인율이 아니면 절대 옷을 사지 않는 내가 거의 정가를 주고 옷을 산 건 그때가 처음이었다. 강동구를 대표하는 얼굴이라고 할 수 있는 구청장 취임식인데, 반듯하니 광택이 나는 옷이 보기 좋을 거란 생각에서였다. 이후 일할 때는 편한 게 최고라는 나의 생각대로 다시 옷이 편해져 갔지만, 그 날만큼은 그래도 포멀한 정장이 적절했던 것 같다.

구청에서 걸어서 5분도 안 될 거리에서 살고 있었는데, 출근할 때 수행하는 직원이 올 거라고 해서 질색을 했다. 혼자 찾아갈 수 있으니(물론 길 못 찾을까봐 수행을 하는 건 아니란 걸 잘 알고 있었다) 그런 의전하지 말라고 강하게 얘기했다. 다행히 집앞까지는 안 왔지만 열린 뜰 잔디밭에서 몇몇 직원들이 도열 해 있었다. 지금 생각하면 그 정도는 예의인 건데, 그때는 그것도 거북하고 못마땅했다. 젊은 직원들이 현관에 모여서 박수를 치며 환영하는 상황이 영 어색하였다. 지금도 그런 상황은 적응이 안 되어 어색하고 몸 둘 바를 모르겠다.

취임식에서는 꽃다발 말고 샤프펜슬로 취임 축하품을 달라고 했다. 준비하는 입장에서는 전에 없던 주문이라 꽤 고민이 되었던 것 같다. 문구류를 좋아하기도 하지만, 그것보다는 꽃은 사라지지만 샤프펜슬은 잃어버리지 않는 한 간직할 수 있고, 샤프펜슬은 꽃다발보다 가격이 싸기 때문에 그렇게 요청했다. 지금도 서랍에 그 샤프펜슬이 잘 보관되어 있다. 몸통에 '강동구청장 이수희'가 새겨져 있다.

경로 의존성이라는 게 있다. 과거부터 형성된 특정 관행이나 제도, 규격, 제품 등에 익숙해져 이에 의존한 탓에, 시간이 지난 후 이것이 비효율적인 것으로 밝혀지거나 변화의 필요성이 제기되었을 때에도 벗어나지 못하게 되는 현상이다. 법률이나 제도, 관습이나 문화, 과학적 지식이나 기술에 이르기까지 한 번 형성되어 버리면 환경이나 여러 조건이 더 좋게 변경되었음에도 종래부터의 내용이나 형태가 그대로 존속할 가능성이 커진다. 과거 하나의 선택이 관성 때문에 쉽게 달라지지 않는 현상이 경로 의존성이다. 의전이 이런 경우에 해당할 것 같다.

의전 간소화는 구청장으로 일을 시작하면서 가장 먼저 강조한 지시였다. 차 문은 내가 열고 닫겠다, 행사 장소에서 배웅하고 끝내지 길에까지 나오지 말라, 길에서 배웅하더라도 떠나는 차 보고 허리 숙여 인사하는 건 절대 하지 말라, 행사장에서 "구청장님이 들어오고 계신다"고 자세를 바로 해달라거나 하는 안내 멘트 하지 말라, 행사장에서 주민들 제치면서 내 앞으로 길을 만드는 행동 하지 말라, 내 우산은 내가 들겠다, 아이스커피 빨대는 내가 알아서 껍질 까서 마실 테니 껍질 까주느라 애쓰지 마라 등 시시콜콜한 것까지 요구했다. 구청장 비서실과 부서, 각 동에 내가 드나들 때마다 일어나지 말고 앉아서 하던 일 계속하라는 지시도 했다. 워낙 허례허식을 싫어하는 개인적인 성향도 있지만, 원외당협위원장으로 행사에 참석하였을 때 주민의 입장에서 느꼈던 불편함을 구청장이 되어서 바꾸고 싶었기 때문이다. 그리고 내가 이런 대접을 평생 받을 것도 아닌데, 그런 것에 익숙해지는 것이 내 인생 전체를 두고 생각해봐도 썩 좋은 일은 아닌 것 같다는 생각도 있다.

처음에는 잘 지켜지지 않았다. 뭔가 불편하고 어색하고 이래도 되나 싶어 하는 것 같아 보였다. 어떤 경우에는 내가 불편한 기색을 노골적으로 표현하면서 바꿔 달라고 재촉했다. 한참 지나서 간부들과 주민들에게 물어보니 많이 바뀌었다는 평들을 해주었다.

의전간소화에서 가장 신경을 쓴 건 행사에서 '주민을 최우선으로 하는 진행'으로 바꾸는 것이었다. 한 번은 초여름 햇살이 너무 뜨거운 어느 행사장에서 일부 어르신들이 의자가 모자라서 있고, 햇볕을 그대로 받아서 얼굴에 땀을 뻘뻘 흘리고 있는 모습을 보았다. 그러나 정작 내빈석에는 차양막과 의자가 비치되어 있었다. 주객이 전도되어도 한참 전도되었다는 생각이 들어 그 자리에서 차양막을 주민들 쪽으로 옮기라고 큰 목소리로 지시하고, 내빈들의 양해도 제대로 구하지 못하고 의자들도 어르신들께 드렸다. 처음 맞는 상황에 직원들도 당황하고 내빈들도 당황한 것 같았다. 하지만 그런 극약 처방이 아니면 내 의지를 확고히 보일 방도가 없다고 판단이 들어 다소 거친 방식을 썼다. 그 덕분인지 이후에는 주민 중심의 의전으로 빠르게 적응해 나갈 수 있었던 것 같다.

그리고 행사에서 사진을 찍을 때 내빈들만 찍는 방식에서 벗어나 내빈들이 행사 참여자들 자리로 옮겨 같이 찍는 방식으로 바꾸었다. 나중에 보니 현수막을 하나 더 만들어야 하는 불편함이 생긴 것 같은데, 행사의 주역인 참가자들과 같이 찍는 사진이 진짜 의미가 있다는 점에서 현수막 비용에 비할 바는 아닌 것 같다. 참고로 사진을 휴대전화에 저장해서 보는 요즘에는 확대

기능이 있어서 많은 사람들의 단체사진에서 자기 얼굴을 크게 볼 수 있다는 점에서도 다 같이 찍는 단체 사진이 더 좋은 것 같다.

자외선이 예전과는 차원이 다르게 뜨겁고 피부와 눈 건강 모두에 위협이 되고 있다. 그래서 행사장에 햇빛을 가리는 차양막이나 파라솔을 더 많이 설치하도록 했고, 직원들에게도 눈치 보지 말고 선글라스를 쓰라고 지시했다. 나도 현장 방문 때 선글라스를 쓰고 싶을 때도 있는데 사진을 찍어야 하다 보니 그렇게 못하고 있다. 고덕강일1지구 공원을 현장 방문할 때 도저히 눈이 시려 눈을 뜰 수 없는 상태라 선글라스를 꼈는데, 웃기고도 슬프게 홍보과에서 그날 사진은 안 쓰는 게 좋겠다는 의견을 냈다. 언젠가는 선글라스를 낀 채 현장 방문을 하는 구청장으로서 퍼스트 펭귄이 되어볼 생각이다.

의전간소화와 관련하여 아이들 행사에서 곤혹스러운 면이 많다. 마음 같아서는 짧게 핫팅 외치고 내려오고 싶지만, 구청장으로서 수고해주신 분들과 행사에 참석하신 내빈들을 일일이 호명하고 감사하다는 메시지를 전달해야 하는 입장이라 짧게 마치는 건 사실상 어렵다. 그래서 이런 사정을 설명하고 감사 인사를 전하고 있다. 그래도 아이들 행사가 끝나고 나면 식이 너무 길었다는 민원이 들어온다. 이 책을 읽은 분 중에 이 문제를 해결할 좋은 아이디어가 있다면 꼭 연락주시기 바랍니다.

습관에서 벗어나기

습관이 무섭다는 말들을 한다. 관용차를 이용해서 출퇴근을 하다 보니 몇 달도 안 되어 대중교통을 타는 게 엄두가 안 나는 단계가 왔다. 아차 싶었다. 그리고 출퇴근 시간대 대중교통의 혼잡함과 불편함을 쉽게 잊게 되는 것 같았다.

그래서 자주는 못하더라도 다음 날 새벽 일정이 없는 경우나 개인적인 저녁 약속인 경우에는 관용차를 퇴근시키고 지하철이나 버스를 이용한다. 서울에서 산 지 35년이 넘었지만, 주로 지하철을 이용해서 땅속으로만 다니다 보니 여전히 서울 지리에 익숙하지 않다. 그래서 꽤 떨어진 곳에 있는 사람들과 만나야 하면 되도록 약속 장소를 지하철역 가까운 곳으로 잡는다. 강동구

지자체장은 주민의 일상과 함께해야 한다.
일부러라도 대중교통을 이용하는 이유다.

지리는 훤해서 강동구까지는 지하철로 이동하고 버스로 환승해서 집에 오기도 한다. 지하철에서 나를 긴가민가해서 쳐다보는 주민들을 만나면 재밌다. 얼굴 봐서는 이수희 구청장이 맞는 것 같은데, 설마 지하철을 타고 퇴근할까 싶은 생각인 것 같다.

나는 국회의원이나 다른 지자체장들을 만날 때면 한 달에 한 번이라도 지하철과 버스를 타야 한다고 말한다. 관용차에 습관이 들면 대중교통을 타고 출퇴근을 하는 주민들의 불편함을 온전히 못 느낄 위험이 있기 때문이다. 지자체장의 일상이 대다수 주민들의 일상과 유리되는 순간 그 지자체장은 추락의 날만을 기다리는 운명에 바짝 다가서는 거라고 나는 생각한다. 그래서 구청장이 되면서부터 받게 된 대우와 그로 인해 생긴 습관에 어느 이상 물들지 않기 위해 부단히 노력하고 있다.

區廳長은 求聽長,
함께 소통하여 뜻을 모은다

 현장은 날 것 그대로의 문제점을 볼 수 있고 당사자들과 소통할 수 있는 공간이다. 공적 자리에서 소통은 필수적인 기술이지만 동시에 잘 해내기 어려운 과제이기도 하다.
 이전에 협치(協治)라고 해서 공공 부문과 민간 부문이 정책 기획과 개발 및 시행에서 긴밀히 협력해나가는 거버넌스 개념이 행정에서 중요해졌다면, 요즘에는 정치적 효능감(political efficacy)이 대세로 떠오르고 있다. 정치적 효능감은 자신의 정치적 행동이 실제 정치에 영향을 미치고 있다는 믿음이나 감각, 또는 자신과 정치의 거리에 따른 만족감을 뜻한다고 한다. 거버넌스는 결과의 성공 여부를 떠나서 어떤 정책이나 사업을 추진하는 절차에 시민이 참여하고, 공공과 서로 소통하며 사업을 추

강동의 미래는 소통에서 시작된다.
구청장은 주민의 의견을 깊이 듣는
'구청(求聽)장'이어야 한다는 신념으로 일하고 있다.

진해 가는 과정에 더 의미를 두었다면, 정치적 효능감은 참여의 목표가 뚜렷하고 그 결과를 쟁취해내는 데 더 의미를 둔다는 점에서 차이가 있는 것 같다. 어느 것이든 민과 관의 소통은 필수요소이다.

2023년 10월에는 강동구 중장기 도시발전계획 '강동 그랜드 디자인' 구민 토론회를 개최하였다. 이런 토론회가 거버넌스로서 소통의 예가 될 것이다. '강동 그랜드 디자인'은 인구·도시공간·교통 등 다양한 여건 변화를 중장기적으로 예측해 체계적인 도시계획을 설계하기 위한 밑그림이다. 주민들이 토론에 참여해 살고 있는 지역의 발전 방향에 대해 자유롭게 제안하거나 토론할 수 있었다. '강동 그랜드 디자인' 계획을 공유한 뒤 지역 발전 방안을 위한 권역별 주민 제안 및 토론, 전체 토론 및 결과 발표 순으로 진행되었다. 2025년 7월에도 권역별로 3회에 걸쳐 구민 토론회를 개최하였다.

소통에는 용기가 필요하다. 내게 적대적인 사람들에게 더 필요한 것이 소통이기 때문이다. 그리고 소통에는 저마다 맞는 나만의 기술이 필요한 것 같다. 재산 문제나 명예·위신·자존심과 관련된 민원의 경우에는 양쪽의 입장이 팽팽하다. 그런 때 변호사로 일했던 경험이 큰 도움이 되고 있다. 변호사는 맡는 사건에 따라 원고의 입장에 서기도 하고 피고의 입장에 서기도 하면서 일을 한다. 그러다 보니 엄밀한 의미의 역지사지는 아니더라도 상대방의 입장을 이해하고 상대방이 주장하는 내용의 핵심을 잘 파악한다는 의미에서 역지사지의 훈련이 되어 있다고 해도 과언은 아닐 것 같다.

구청장으로서 민원인들과 얘기를 나눌 때 이런 경험을 활용한 나만의 규칙을 갖고 있다.
1. 사실관계와 행정 지식을 제대로 파악하고 있어야 한다. 2. 민원인의 감정을 건드리지 않도록 태도에 유의해야 한다. 3. 말꼬리가 잡혀 말다툼의 빌미를 제공하지 않도록 단어 선택에 신중하여야 한다. 4. 고압적인 태도를 보이는 민원인에게는 타협할 수 없는 마지노선이 있다는 단호함을 보여주어야 한다. 5. 구청장인 나 또는 우리 구청에서 한 실수나 잘못이 있는 경우에는 인정하고 사과한다. 다만 부서가 거짓말을 하고 있다는 주장에는 사실 확인 후 답변하는 것으로 양해를 구한다. 6. 구청은 어느 한쪽의 편에 서 있지 않고 중립이라는 신뢰를 훼손당하지 않기 위해 단어 선택에 신중하여야 한다. 7. 구청장실에서 이뤄지는 면담 내용을 녹음하는 건 허용하지 않는다.

때로는 민원인이 부서를 통하지 않고 바로 구청장을 만나서 위에서 아래로 지시를 통해 민원을 해결하고 싶어 하는 분들도 있지만, 급박한 사안이 아니면 그렇게는 하지 않고 있다. "구청장이 하라고 하면 부서에서 다 하지 뭘 그러느냐"고 이해를 못하는 경우도 있는데, 그럴 때 나의 대답은 "그렇게 일하던 건 와이루니 빽이니 하는 게 있던 88올림픽 시절까지 관(官)이었고, 지금은 시대가 바뀌었다. 디지털로 모든 기록이 남고 정보가 공개되는 시대다"라고 완곡하게 설득한다. 민원이 들어오면 먼저 부서를 통해 사안 파악을 하고 부서의 의견을 보고 받은 뒤 민원인을 만나는 방식으로 일을 처리하고 있다.

취임 직후인 2022년 7월에는 '구청장과 함께 하는 희망찬 동행'이라는 제목으로 강동구 관내 18개 모든 주민센터를 방문하여 주민들과 대화의 시간을 가졌다. 구청장 취임 이후 많은 주민들을 동 별로 직접 만나는 첫 자리였지만, 단순한 상견례를 넘어서 동과 강동구의 주요 현안을 설명해드리고 민원을 직접 듣는 시간이었다. 민원은 시간의 한계가 있어서 미리 민원인 혼자에게만 해당하는 민원은 종이가 준비되어 있으니 짧게 작성하여 제출하면 검토해서 개별적으로 알려 드리겠다고 양해를 구하고 대신 다수의 사람들이 연관된 민원이나 그 동에 고질적인 민원들 중심으로 민원을 받았다.

소통은 정보 공유와도 맞닿아 있다. 행정의 신뢰와 효율성을 높이기 위해서는 정보 공유가 많이 되면 될수록 더 좋다고 생각한다. 도로에 구멍을 파고 있는데 무슨 공사이고 언제면 끝나는지와 같은 단순한 정보에서부터 지하철 공사나 건물 신축과 같은 현재 진행형인 복합적인 정보 그리고 미래 정보인 강동구의 2040 도시계획에 이르기까지 다양한 정보가 있다. 주민들 입장에서 사업의 진행 상황을 알면 강동구청에 대한 신뢰가 더 높아질 수 있고 불필요하게 반복적으로 설명을 해야 하는 행정력의 낭비도 줄일 수 있다.

가장 중요한 정보 중 하나가 예산이다. 그래서 새해 초에 각 동을 돌면서 신년인사회를 하는 자리에서 그 해 예산과 사업을 마이크를 잡고 직접 설명 드리고 있다. 9 to 6 하는 직장인 주민들을 위하여 토요일 오전과 주중 저녁 8시부터 시작하는 온라인 보고회도 같이 하고 있다. 특히 온라인 보고회는 젊은 주민들을 만날 수 있다는 점에서 의미가 크고, 강동구와 살고 있는 동에 생활 환경 개선을 위하여 많은 관심과 노력을 기울이고 있는 젊은 주민들이 많다는 걸 확인할 수 있는 시간들이라 나와 구청 직원들 모두에게 자극이 되는 시간인 것 같다.

　예산과 관련한 설명 중에 모든 사업은 예산 문제로 우선순위를 정해 실시할 수밖에 없다는 답을 드리면서 그 이유로 구체적인 예를 들어주었다. "승용차 1대 주차하는 그런 주차 1면 만드는 데 예산이 얼마나 들까요? 적어도 1,5억에서 2억원 가까이 듭니다."라고 말하면 순간 와아 하는 탄식과 함께 엄청 놀란 표정들을 볼 수 있었다. 당연하다. 구청장 출마를 준비하면서 강동구의 예산을 분석한 뒤 나도 놀란 사업비 규모들이다. 수 십 년 동안 동에서 직능단체 활동을 해온 분들도 강동구의 예산 얘기는 처음 들어보았다고 하면서 많이 흥미로워하셨다. 예산에 대해 알게 되면서 그분들도 이제는 체육 시설이나 도서관이 개관되면 운영비가 얼마나 드는지 먼저 물어보시고 같이 걱정해주신다. 참으로 고마운 일이다.

　그런데 주민들을 만나서 이야기를 나눌 때 참석자의 니즈를 잘 파악해서 소통하는 것이 필요하다. 자리에 따라 구청장인 내 얘기를 더 듣고 싶어 하는 자리도 있고 아닌 경우도 있기 때문이다. 전해 들은 일화가 하나 있다. 목사님과 평신도들의 식사 자리가 있었다고 한다. 그런데 자리가 끝나고 나서 작은 다툼이 벌어졌다고 한다. 그 이유는, 몇몇 분이 "나는 목사님 말씀을 듣고 싶었는데, 왜 당신들 얘기를 해서 목사님 말씀을 못 듣게 했느냐"고 타박을 하면서 벌어졌다고 한다. 그 얘기를 듣고 정작 말을 전한 분은 짐작하지 못했겠지만, 내게는 큰 깨달음을 주었다.

다양한 이유로 인하여 주민들 중에는 나의 살아온 그동안의 얘기들을 들으며 인간적으로 친해지고 싶어 하는 분들이 있는 반면에, 현재 강동구 구정 전반에 대한 설명 내지 소개, 강동구의 비전 등을 듣고 싶어 하는 분들이 있다. 또한 본인의 생각이나 의견을 말하기 보다는 나의 생각을 더 '듣고 싶어' 하는 분들이 있는 반면에, 내게 당신들의 생각이나 의견을 전달하는 것으로 더 큰 만족감을 느끼는 분들이 있다. 구청장으로서 많은 분을 만나 소통을 늘려가다 보니 어떤 경우에 해당하는지를 파악하는 스킬도 늘고 있는 것 같다.

구청장의 구청(區廳)을 '구하여 듣는다'는 뜻의 구청(求聽)으로 바꿔 새겨도 좋을 것 같다. 나는 강동구 주민들의 의견과 입장을 현장에서 널리 그리고 깊이 '구하여 듣는' 구청장(求聽長)이 되고자 애써왔고, 앞으로도 더욱 애써나갈 것이다.

공평무사, 불편부당, 적재적소의 인사 원칙

구청장 후보로 선거운동을 할 때 강동구청 앞에 유세차를 세워두고 연설을 한 적이 있다. 그때 구청장이 되면 인사를 공정하게 하겠다고 약속하였다. 지연이나 외부 청탁 등으로부터 자유롭게 인사를 하겠다고 약속했다. 그리고 구청장 취임사에서 다시 공정한 인사를 약속했다. 그만큼 인사에 있어 공정성을 지키겠다는 약속은 나의 소신이고 철칙이다. 취업과 인사에 있어 공정이 무너지면 아무 연줄도 없거나 아부라고는 할 줄 모르는 진정한 실력자들을 놓치게 될 위험이 있다. 그리고 그 손해와 피해는 결국 강동구와 주민들 나아가 서울시와 대한민국이 입게 된다. 그런 실수를 저지르지 않겠다는 약속이었다. 만에 하나 인사 부탁이 들어오면 거론된 그 직원에게는 불이익을 주겠다는 경

인사의 공정성은 나의 철칙이다.
나는 우리 강동구청 직원들을 프로로 메니지먼트하고 싶다.

고까지도 하였다.

그렇게까지 강하게 말한 이유는 20대 때 취직을 하려고 노력했을 때 겪은 설움이 크게 영향을 준 것 같다. 1990년대 초반 입사지원서에는, 지금으로서는 상상하기도 어려운 내용이지만, 친인척 중에 정부 부처나 관공서에서 근무하는 사람이 있다면 이름과 생년월일, 직위를 쓰는 난이 있었다. 대기업에 근무하는 친인척을 열거하는 란도 있었다. 어린 나이였지만 그게 나는 황당했고 상당히 부당하게 느껴졌다. 좌절감마저 느껴졌다. 기업 입장에서는 지원자의 인맥을 취업 후에 활용할 수 있다는 점에서 인맥도 능력으로 판단하는 건 일견 이해 가는 면이 있다. 하지만 국가와 사회 전체로 놓고 보면 그런 차별은 불공정한 반칙이다. 그런 식으로 사회가 운영되면 궁극에는 결국 계급사회가 되고 국가는 조지 오웰의 동물농장이 되는 것이다. 사회주의 혁명이 위험하듯 상류층의 저런 왕후장상의 씨가 따로 있다는 식의 불공정한 그들만의 룰 적용도 위험하긴 마찬가지다. 그게 조국 사태 때 나를 비롯한 많은 사람들 특히 젊은이들이 공분한 이유다.

구청장은 구청 관내 직원들의 인사에 큰 영향력을 행사할 수 있는 것이 사실이다. 그리고 급여와 복지, 성과급에 있어 한계가 있는 공직 사회는 특히 평점, 승진, 보직과 같은 인사에 민감하다. 인사 문제에 관한 원칙은 아마도 동서고금, 세계 공통일 것이다. 정실에 좌우되지 않고 공평무사(公平無私)해야 하며, 실제 성과와 실적에 바탕을 두어야 하며, 특정 파벌이나 세력에 편중되지 말고 불편부당(不偏不黨)해야 하고, 조직 외부의 입김이나 영향력이 개입되는 것을 막아야 하며 조직 구성원 각각의 능력과 자질에 맞는 적재적소(適材適所)에 기용해야 한다. 조직의 수장이 이런 원칙들을 지켜나갈 때 직원들은 조직 및 다른 직원들과 융화를 이루면서 자신의 능력을 충분히 발휘할 수 있다.

'인사(人事)가 만사(萬事)'라는 말을 구청장으로 일을 하면 할수록 더 절감하게 된다. 인사를 잘하기 위한 첫 번째도 두 번째도 공정성이다. 청탁과 사심에 휘둘린 인사를 하게 되면 결국 업무 성과에 큰 차질을 낳게 된다. 구청장에 취임하고 얼마 동안은 인사와 관련한 부탁들이 있었다. 하지만 노골적으로 불편함을 표시하니까 자연스럽게 1년도 안 되어 그런 부탁은 없어졌다.

기초지자체에서 능력이란 하나로 말할 수는 없다. 내가 생각하는 구정의 3대 축이 있다. 강동구청이란 조직과 관련한 업무,

도시계획 그리고 복지다. 그래서 인사를 할 때 이 세 가지 분야에 적합한 능력을 누가 얼마나 갖추고 있는지를 구분해서 평가하고 있다. 잘 된 인사는 업무의 성과로 그대로 이어진다. 그럴 때는 인사권자로서 그 직원이 무척이나 고맙고 자랑스럽다. 반면에 어떤 이유든 배치가 잘못된 인사로 인해 부서 또는 팀 전체가 힘들어하는 걸 보고 자책한 경우도 있다.

기획력, 아이디어를 사업으로 쿠킹할 줄 아는 능력, 추진력, 사고의 유연성, 문장력, 리더십 등 대개는 일반 기업에서 인사 관리를 할 때 고려하는 능력과 유사하지만, 특별히 지자체이기 때문에 다른 능력이 각광받을 수 있는 분야가 복지, 대민 분야인 것 같다. 그런데 인사 결정을 내릴 때 많은 사람들은 자신과 비슷한 사람을 가까이 두려는 심리적 편향성을 나타낸다고 한다. 이것은 거의 본능과도 같다고 한다. 그래서인지 나는 우직하거나, 자기 주관이 뚜렷하거나, 적극적이거나 추진력 있거나 하는 직원들을 높게 평가하는 편이었다.

그런 나의 시각을 바꿔주는 직원을 만났다. 어느 직원의 부친상을 치르는 장례식장이었다. 조문을 온 같은 부서 직원들과 이런저런 얘기를 나누다 어떤 직원에게 질문을 했다. 그 직원이 답을 하는데 내 입장에서는 동문서답을 하는 것처럼 느껴졌다. 질문을 어렵게 했나 싶어서 질문을 바꿔서 다시 물어보았다. 이번에도 동문서답 같은 답을 했다. 그러자 옆에 있던 과장께서 맏이 오빠가 딸뻘 되는 늦둥이 막내 여동생에게 하듯 인내를 갖고 달래가며 답을 이끌어 내었다. 나는 그 모습을 보고 크게 감동받았다. 평소 무색무취로 추진력이 없어 보여 불만이 있었는데, 그분이 갖고 있는 그 능력이 놀라웠다. 대민 업무를 하는 공공서비스의 특성상 그런 능력이 높이 평가받아야 할 분야가 있다는 깨달음을 그때 얻었다.

인사의 공정성을 관철하기 위해서는 불이익을 줘야 하는 직원을 잘 가르는 게 필수다. 듣기 좋은 말을 티 나지 않게 프로급으로 하는 아부 유형이나 구청장 앞에서만 분주하고 정작 사무실에서는 뺀질이인 유형 등 다양하다. 이런 때 필요한 게 직원들 사이에서 평가다. 업무 측면에서는 함께 일하는 직원들이 누구보다도 특정 직원에 대해 잘 알 수 있다고 생각하기 때문이다.

인사의 중요성을 보여주는 일화는 많지만, 제2차 세계대전 당시 연합국의 승리를 미 육군참모총장 조지 마셜(1880~1959) 육군 대장을 들 수 있을 것 같다. 그는 미국의 국방장관과 국무장관을 지내면서 전 세계 안보와 외교에 큰 영향을 미쳤다. 그런 그는 진급 운이 지독히도 없어서 동갑내기인 맥아더(1880~1964)가 장성으로 활약할 때도 중령 계급에 머물렀다. 그는 맥아더나 패튼 장군과 달리 자신을 내세우지 않고 차분하며 조용했다.

참모총장 부관으로 일하던 1938년 백악관 회의에서 전투기 1만대를 만들자는 루즈벨트 대통령의 구성에 대해 마셜은 홀로 반대했다. 지극히 비현실적이라는 게 이유였다. 그런 마셜의 반대에 대통령은 격분했지만 오히려 마셜의 정직함과 소신 있는 태도에 매료되어 결국 1939년 다른 선배 장성들을 놓아두고 마셜을 참모총장으로 임명했다.

루즈벨트의 판단은 옳았다. 마셜은 전쟁 기간 미군 전력을 착실하면서도 빠르게 대규모로 증강시키고 군 조직을 강화하여 전쟁 승리의 기반을 닦았다. 평소 근무 중 마셜은 리더 자질이 보이는 장교를 만나면 그 이름을 늘 수첩에 기록했다. 그리고 중요한 직책이 공석이 되면 평소 눈여겨보던 장교를 발탁했다. 루즈벨트 대통령과 마셜 참모총장은 인재를 알아보고 기용하는 데 탁월한 리더십을 발휘한 셈이다.

기업 최고경영자들은 인사 문제를 다루는 데 업무 시간의 대략 3% 정도만 투입한다고 한다. 그런데 잘못된 인사를 바로 잡으려면 75%의 시간이 필요하다고 한다. 우리 강동구에는 능력 있는 공무원들이 많다. 그런 공무원들이 제대로 평가받으며 소신과 열의를 갖고 능력을 펼칠 수 있는 환경을 공정한 인사 약속을 지키는 것으로부터 시작하였고, 그런 노력은 계속되고 있다.

인사의 공정성 이후에 중요한 건 직원들에게 교육의 기회를 확대하는 것이다. 팀장 이상 직급에서 원하는 경우에는 최고위 과정에 등록을 지원하거나 해외 연수도 지원하였다. 그 덕을 톡톡히 본 게 미국 미시간주 앤아버 도서관과의 업무협약이다. 2024년에 앤아버 도서관에서 연수를 한 직원이 강동중앙도서관 개관을 준비하고 있는 기간에 자발적으로 앤아버 도서관측에 이메일을 보내 강동구와 협업을 제안하였다. 그 덕분에 강동구는 앤아버 공공도서관과 전국 최초로 업무협약을 맺고 문화교류를 진행 중이며, 이를 통해 강동구민은 앤아버 공공도서관의 전자도서 및 오디오북을 이용할 수 있고, 앤아버 도서관은 강동중앙도서관에 신간 도서를 기증하고 한국 문화 전시를 진행할 예정이다.

교육과 연수 기회 이외에 연차가 낮은 직원들에게는 강동구청에서만 매몰되지 않도록 이런저런 견문 기회를 넓혀 주려고 애쓰고 있다. 일례로 국회, 중앙부처, 서울시, 협력기관, 방송사 등을 방문할 때 부서에 연차가 낮은 직원들을 동행시키라고 주문했다. 남이 보면 인원이 많으니까 의전이 과하다고 오해하기도 하는데, 연차가 낮은 직원들에게 그런 경험들을 쌓게 해주고 싶어서 같이 왔다고 하면 긍정적인 반응이 대부분이었다.

나는 우리 강동구청 직원들을 전문성을 갖춘 프로로 매니지먼트하고 싶다. 과장을 더해 극단적으로 말해서 다른 공공기관 퇴직자들의 전관 논란이 우리 강동구청에도 문제 될 만큼 강동구청에 젊은 공무원들이 퇴직 후에도 그 전문성을 인정받아 민간기관에서 활동할 수 있기를 바란다.

전국 최초로 앤아버 공공도서관과 업무협약을 맺었다.
직원들에게 교육 기회를 확대한 덕분에 얻은 결실이다.

여성 리더십이라는 게
따로 있을까

당선과 동시에 강동구 최초의 여성 구청장이란 타이틀을 자연스럽게 달게 됐다. 그동안 전통적으로 여성 이슈로 불렸던 가정폭력, 성폭력 등에 관해서는 변호사를 하면서 적극적으로 활동도 했고, 여성단체 '마중물 여성연대'에서 대변인으로 재밌게 활동하기도 하였다. 하지만 공천이나 선거에 있어서 여성이란 점을 지나치게 내세우는 건 자칫 일종의 소수우대정책의 낙인 효과를 보는 것도 같아 꺼려지는 면도 있었다.

그러나 구청장 후보로 선거운동을 할 때 어느 날 거리에서 유세차를 타고 지나다 만난 대여섯 살 무렵의 딸과 엄마의 모습을 보면서 그런 생각을 바꾸었다. 젊은 엄마가 유세차 위에서 손을 흔드는 나를 가리키면서 딸에게 "저기 봐. 여자가 구청장 후보야. 좋지?"하는 말을 건네는 걸 듣게 되었다. 그 날 비로소 내가 여성 후보라는 게 보람 있고 감사하게 느껴졌다. 여성이기 때문에 내가 그 모녀에게 희망과 자긍심을 줄 수 있었다는 게 나를 가슴 벅차게 만들었다. 여성구청장이라는 대표성을 갖게 되는 만큼 꼭 당선되어 일 잘하는 구청장이 되어야 한다는 소명 의식도 더 강하게 갖게 되었다.

아이를 키우다 보면 여성과 남성의 기질 차이가 분명 존재한다는 걸 인정하게 된다. 물론 예외는 있지만 말이다. 거기에 1970년생인 나는 20대 초반까지 가부장적 문화가 강한 사회에서 자랐다. 특히 내가 자란 강릉은 보수적인 곳으로 남아선호사상이 어느 지역보다도 강한 곳이었다. 우리 집에서는 딸이라고 서러움을 당할 일이 없었지만, 밖에서는 여자라서 받아야 했던 차별이 있었다. 그런 경험은 나를 비주류와 소수가 겪는 비애를 조금이나마 경험하게 해주었다는 면에서 애써 긍정적인 점도 있었다고 위로하곤 한다.

선거운동 기간 중에 만난 많은 여자 어르신들이 여성 구청장 후보를 신기해하고 놀라워하셨다. 세상만사 예외 없는 경우가

여성 리더십이 따로 있다고 생각하지 않는다.
다만, 여성이기 때문에 희망과 자긍심을 줄 수 있는 부분이 있다고 생각하면
가슴 벅찰 때가 있다

없으니 여자의 적은 여자라는 말이 들어맞는 경우도 있을 수 있겠지만, 선거운동 기간 중에 만난 여성 유권자들 중 여자 후보라서 나를 꺼리는 경우는 아예 본 적이 없다. 외려 여성이기에 더 일을 꼼꼼히 할 거라는 기대, 여성 공직자가 더 청렴하다는 평가까지 긍정적인 피드백을 많이 받았다. 실상 법조계에서는 여성 판사가 형량이 더 높다는 얘기도 있고, 호주의 한 연구에 의하면 여성과 남성을 상대로 조사한 결과 여성은 부패 행위가 들킬 위험이 있다고 하면 위험을 감수하면서까지 그 행위를 하지 않기 때문에 남성에 비해 부패 비율이 낮다고 한다(참고로 이 연구가 시사하는 바는 남녀의 문제보다는 행정이 투명해질수록 부패 가능성이 낮다는 결론이다).

여성 리더십이란 게 따로 있지는 않다는 게 내 생각이다. 하지만 내게 여성이라서 보이는 특별한 리더십이 있다면, 그건 가부장제 사회에서 여자라서 받아야 했던 부조리의 경험과 임신과 출산을 경험한 워킹맘이었다는 경험에서 기인한 것일 것 같다. 성희롱 문제에 무관용의 원칙으로 강하게 대응하게 한 것이 그 대표적인 예 중 하나일 것 같다. 그리고 나는 여성 중간 관리직들에 관심을 많이 갖고 있다. 구청장으로 처음 일을 시작하면서 직원들에 대해 느낀 첫 번째 인상이 너무 순하다는 느낌이었다.

특히 여성 중간관리자들 중 그런 느낌을 주는 분들을 더 많이 보았다. 그래서 그들에게 나는 마냥 친절하려고 하지 말고 더 강단 있는 태도를 보이라고 주문한다. 여러분들은 프로니까 주눅 들지 말라고 다그치기도 한다. 공정성을 해하지 않는 선에서 이런 게 일종의 시스터후드(sisterhood)일지도 모르겠다.

곁다리 얘기지만 여자 구청장이라서 갖는 불편함은 맨얼굴이나 집에서 편하게 입고 있던 옷으로 나다니면 안 된다는 점이다. 그걸 자연스럽고 좋게 봐주시는 분들도 있지만 입방아에 오르는 경우도 있기 때문이다. 심지어 쓰레기를 버리러 갈 때도 외출복으로 갖춰 입고 나가는 게 마음 편하다. 여자 구청장이라 남자 지인의 차를 얻어 탈 때도 조심한다. 어지간하면 미리 양해를 구하고 조수석에 타지 않고 뒷자리에 탄다. 사회생활을 하는 내 나이대의 여자들은 술 취한 모습을 보이지 않기 위해 마지막까지 정신 줄을 놓지 않는 습관을 갖고 있다. 술을 잘 못하는 체질이고, 일을 할 때 정신이 맑지 않은 상태를 견디지 못하는 유형이라 술을 자주 마시지는 않지만, 그래도 어쨌든 흐트러진 모습을 보이지 않기 위해 조심하고 또 조심하고 있다.

구청장으로 일하면서 만나는 직능단체와 봉사단체에는 여성이 더 많다. 그 분들의 헌신적인 삶의 태도를 보면서 많은 감동을 받고 있고, 그 언니(!)들의 응원에 큰 힘을 얻고 있다. 짧게든 길게든 만나서 이런저런 얘기를 나누다 보면 여성이기 때문에 공감할 수 있는 주제가 많다는 걸 느끼게 된다. 구청장이 여자라서 편하고 좋다는 말을 들을 때면 그 말 저변에 어떤 역사들이 있었는지를 짐작하기에 살포시 그녀들을 껴안게 된다.

2부

이수희와 함께 만든
강동과 대한민국 이야기

4장

가깝고 편하게 그리고 쉽게
문화를 누리는 문화도시 강동

내가 생각하는 문화행정의 원칙
새로운 도서관 문화를 제시한 도서관 도시 강동
강동아트센터를 품고 있는 공연예술의 도시 강동
하나 되는 축제의 도시 강동
선사 유적의 역사 도시 강동
건강은 기본, 화합은 덤, 생활체육 건강도시 강동
거리의 문화예술화, 특화거리의 도시 강동
소프트파워를 가진 문화도시 강동

내가 생각하는
문화행정의 원칙

다양한 분야에서 흔하게 쓰는 말이지만 막상 그 뜻을 설명해 내기가 쉽지 않은 용어가 문화인 것 같다. 사람의 활동과 그 결과 가운데 문화 아닌 것이 도대체 무엇이 있을까? 예컨대 거의 모든 개념이나 분야 뒤에 '~문화'를 붙일 수 있다. 정치문화, 소비문화, 건축문화, 전통문화, 음식문화, 교통문화, 여행문화, 관광문화, 출판문화, 독서문화, 공연문화 등등 그야말로 한도 끝도 없어 보인다. 여기에 하나의 힌트가 있다. 문화는 본래 자연의 상대어라는 점이다.

자연과 다르게 문화는 인간이 만들고 가꾸어 낸 것을 뜻한다. 그래서 꽃과 나무, 풀 등 자연을 잘 가꾸고 배치하여 아름다운 정원을 조성하면 그것은 정원문화 또는 조경문화로 발전하게 된다. 자연을 배경이자 소재로 하되 인간이 나름의 계획과 목적을 세워 그것을 가꾸어 내면 곧 문화가 된다. 인간이 살지 않는 황무지가 자연이라면, 그 황무지를 개간하여 밭을 만들고 작물을 키워내는 농업이 보편화되면 그것은 농업문화가 된다.

여기서 중요한 힌트가 있다. 문화는 인간이라면 누구나 만들어 내고 누릴 수 있는 것, 또 그러해야 하는 것이다. 다시 말해서 문화가 곧 인간됨이다. 어떤 사람에 대해 또는 사람의 어떤 행동이나 사건에 대해 '비(非)문화적'이라고 말한다면, 그것은 그 사람이나 행동, 사건이 사람이라면 갖춰야 할 기본을 못 갖추었다는, 요컨대 '비인간적'이라는 뜻이다. 그렇다면 이러한 문화를 자치단체나 정부가 후원하는 까닭은 무엇일까? 정책과 예산으로 문화 활동을 지원해야 하는 이유는 무엇일까?

우리 강동구에는 문화예술과가 좁은 의미의 문화 관련 업무를 통괄하고 있고, 출연 기관으로 강동아트센터와 도서관 업무를 맡고 있는 강동문화재단, 그리고 강동문화원이 있다. 수년 전 문화재단을 설립하면서 강동도시관리공단에 있던 도서관 업무가 재단으로 이전하였다고 들었다. 어찌 보면 이질적일 수도 있는 도서관 업무까지 문화재단이 하고 있는 상황이었기 때문에, 구청장이 되어서 이를 긍정적으로 활용해 보기로 하였다. 그래서 강동중앙도서관에서 도서관과 예술을 접목하는 새로운 시도를 할 수 있었다.

문화의 본질은 자유다. 자유롭게 창작하고 자유롭게 표현하며 자유롭게 누려야 문화가 발전할 수 있고 문화생활이 더욱 풍요로워질 수 있다. 그런 문화의 자유를 폭넓게 보장한다는 조건 위에서 자치단체와 정부는 공공 서비스로서의 문화행정을 펼친다. 요컨대 '지원하되 간섭하지 않는다'는 것, 바꿔 말해서 '유(有)지원 무(無)간섭'이 가장 큰 원칙이다. 그러한 원칙 하에서 내가 생각하는 몇 가지 문화행정의 원칙이 있다.

첫째는 일상에서 편리하게 문화를 누릴 수 있어야 한다는 것이다. 여기에는 문화 시설 이용의 편리성과 접근 용이성도 포함된다. 이는 전문가들에 의해 공연되고 전시되는 유형의 예술이 아니라 일상에서 주민들이 문화를 배울 때 더 의미가 있는 원칙이다. 우리 강동구는 대규모 재건축·재개발 등으로 인구 유입이 늘면서 문화에 대한 수요 역시 늘고 있다. 그러한 수요 증가에 부응하여 새로운 문화 시설, 인프라를 구축하는 것도 빼놓을 수

문화의 본질은 자유다.
앞으로도 강동구 주민들의 문화적 기회를 더욱 확대하고
한층 더 촘촘하게 만들고자 한다.

없는 과제가 되고 있다.

우리 강동구는 2025년 9월 11일 '강동숨;터' 개관식을 열고 본격 운영에 들어갔다. 강동숨;터는 지상 4층, 지하 1층 규모로 건립됐다. 베이비붐 세대를 위하여 시니어문화센터를 신설하였다. 그리고 구립둔촌1동어린이집(1층), 6-12살 어린이 돌봄공간 우리동네키움센터(3층), 시니어 세대를 위한 대한노인회 강동구지회와 강동시니어문화센터(2~3층), 모든 세대를 위한 강동문화원(4층)으로 구성되어 있다.

특히 강동시니어문화센터는 '다시_온 공방', '다시_온 카페', '노인대학', '스크린파크골프장'을 갖추고 시니어 맞춤형 프로그램을 비롯해 주민 누구나 이용할 수 있는 시설로 개방하고 있다. 지난 2025년 7월 시범 운영 이후 모델 워킹, 커피·클래식 인문학, 명사 특강 등 '영시니어' 세대를 겨냥한 프로그램으로 호응을 얻었다.

'강동숨;터'라는 명칭은 실은 AI의 도움을 받았다. 도심 속에서 평온하게 숨을 쉴 수 있는 힐링 공간이자 강동구의 숨 쉴 수 있는 터전이라는 뜻을 담았다. 가운데 세미콜론(;)은 다양한 세대와 문화를 하나로 이음의 상징이다. 아이부터 어르신까지 돌봄과 문화, 여가로 연결되는 구조로 조성된 강동숨;터는 주민들의 일상에 숨을 불어넣는 생활 문화 거점으로 활성화되리라 기대한다.

문화행정에 대한 나의 두 번째 원칙은 보편적 이용이 가능해야 한다는 것이다. 주민이라면 남녀노소의 차이나 소득 격차, 장애와 비장애의 구분 없이 누구나 문화 시설을 이용하고 문화 프로그램을 누릴 수 있어야 한다. 강동문화재단은 또한 공연예술을 매개로 한 장애인식 개선을 위해, 접근성 높은 연극 <해리엇>을 기획·제작하여 2025년 9월 중순 3회 공연 전석 매진을 기록하며 막을 내렸다. 접근성 높은 연극 <해리엇>은 한국장애인문화예술원 주관 '2025년 무장애 문화향유 활성화 지원사업' 선정작으로, 장애에 구애받지 않고 편안하게 감상할 수 있는 공연으로 제작에 나섰다. 무대에는 자막, 음성, 수어, 움직임 등 다양한 표현 방식이 등장했고 자막과 수어 역시 단순한 번역을 넘어 인물의 감정과 움직임을 섬세하게 표현하였다.

그리고 외부 공모사업이나 외부 재원을 통하여 유아에서부터 성인에 이르기까지 예술 교육의 기회를 제공하고 있다. 지난

2025년 8월 말 강동 지역 청소년 문화 꿈나무들의 오케스트라 공연 축제, 강동청소년 교향악축제가 강동아트센터 대극장 한강에서 열렸다. 강동필유스챔버오케스트라 등 관내 청소년 오케스트라 11개 팀이 그동안 갈고 닦은 기량을 선보여서 많은 박수와 격려를 받았다.

마지막으로 세 번째 원칙은 주민의 참여뿐만 아니라 특히 클래식 예술의 경우에는 물리적 거리감이 아니라 그보다 먼저 어렵다는 막연한 심리적 거리감을 낮춰주는, 접근의 턱을 낮춰주어야 한다는 것이다. 2025년 9월과 10월에 강동문화재단 주최로 세 차례에 걸쳐 강동아트센터 야외 바깥뜨랑과 바람꽃마당에서 강동 예술장터 '문전성시(文前成市)'를 개최하였다. 지역 예술인들의 창작 활동을 응원하고, 주민들에게 다채로운 문화예술 체험을 제공하고자 기획한 열린 장터다. 지역 예술인들이 창작한 다양한 소품과 악기·도서·중고품 등 문화예술 관련 물품을 자율적으로 판매하며 설치미술, 정원음악회, 푸드트럭도 즐길 수 있게 하였다.

이상 세 가지를 정리해 보면 편리성, 보편성, 참여 및 대중성의 원칙이라고 할 수 있다. 주민들에게 문화적 공공 서비스를 제공하는 문화행정은 이러한 원칙에 따라 기획되고 시행되어야 한다고 생각한다. 앞으로도 강동구 주민들이 누리고 참여할 수 있는 문화적 기회를 더욱 확대하고 한층 더 촘촘하게 만들고자 한다.

새로운 도서관 문화를 제시한
도서관 도시 강동

전 서울과학관장이자 작가인 이정모는 <그래서 우리는 도서관에 간다>(공저)라는 책에서 이렇게 말한다. "인공지능(AI) 시대가 요구하는 질문하는 인재는 독서라는 지속적으로 광범위한 정보 입력 과정을 거쳐 탄생하는데, 여기에 도서관만큼 최적화된 공간은 없다."

2025년 8월 30일 강동구 둔촌동에서 강동중앙도서관 개관식이 열렸다. 나는 당시 "강동중앙도서관은 그 규모에 있어 강동구 전체의 도서관이며, 강동구 안에 있는 구립 도서관을 관장하는 거점 역할을 할 것"이라는 점을 강조하였다. 정식 업무는 개관식 이튿날부터 시작되었는데, 앞서 2주에 걸친 시범 운영 기간 동안 하루 평균 방문객 수가 4,500여명을 기록하는 등 정식 개관 전부터 주민들의 큰 관심을 받았다. 언론의 관심 또한 컸다.

연면적 1만 2056㎡(지하 4층~지상 3층)에 장서 12만권을 갖춘 강동중앙도서관은 서울시 자치구 최대 규모로 인문·예술 특화 도서관으로 운영된다. 1층에는 유아·어린이 자료실과 모야 어린이작업실, 북카페, 상상곳이, 2층에는 열린자료실과 대형 독서 테이블, 소리곳이, 3층에 열린자료실과 생각곳 등이 각각 마련됐다.
 여러 사람들의 깊은 고민 끝에 특색있는 시설과 자료 등을 갖추기는 했지만, 첫술에 배부를 수는 없다. 이 공간은 우리가 계속 만들어 가고 채워가야 하는 시설이다. 사실 과거 도서관이 열람실 위주였다면 이제는 독서와 쉼, 여유가 있는 복합 문화 공간으로 도서관이 바뀌어 가고 있다. 강동중앙도서관은 그러한 기대에 충실히 부응할 수 있도록 내실 있게 발전시켜야 할 것이다. 특히 아이들을 비롯한 모든 세대를 아우를 수 있는 공간이 되도록 하는 것이 중요하다고 본다.

 개관식에는 지역 주민 등 200여 명이 참여했는데, 특히 강동구와 업무협약을 체결한 미국 미시간주 앤아버 공공도서관의 일라이 나이버거 관장이 참석하여 인사말을 했다. 나이버거 관장은 이렇게 말했다. "도서관이 새로 개관하면 지역 사회에는 희망과 낙관이 생깁니다. 앤아버 도서관도 새롭게 시설을 바꾸고 있는데, 강동중앙도서관을 보며 배울 점이 많았습니다." 국내 지자체가 미국 공공도서관과 업무협약을 맺은 첫 사례이기도 하다. 앤아버 도서관은 강동중앙도서관에 도서를 기증했으며, 향후 상호교류 프로그램을 이어갈 계획이다.

그동안 강동구 관내에는 성내, 해공, 강일, 암사, 천호, 둔촌, 숲속 등 구립도서관 7곳이 있었는데 강동중앙도서관이 개관함으로써 8곳이 되었고, 중앙도서관이 거점이 되어 더욱 체계적으로 도서관 프로그램을 확충하고 더 나은 서비스를 방문객들에게 제공할 수 있게 되었다.

어쩌면 강동중앙도서관보다 더 큰 화제성을 가진 도서관은 2025년 5월에 먼저 개관한 강동숲속도서관이다. 과학 특화도서관이자 숲속도서관이라는 명칭에 걸맞게 자연과 과학, 책과 독서가 어우러진 강동의 새로운 문화 공간으로 빠르게 자리 잡아가고 있다.

정식 개관 전 시범 운영 기간 13일 동안에만 2만 8,000여 명이

도서관이 바뀌어 가고 있다.
강동구의 구립도서관들은 책과 독서를 매개로 소통하는
지식·문화 공간으로 발전해 나갈 것이다.

방문하는 등, 개관 전부터 많은 주목과 관심을 받았다. 지하 1층부터 지상 3층까지 총면적 4984㎡ 규모의 중대형 구립도서관으로 1층에는 유아·어린이 자료실, 2층에는 종합자료실과 어린이 영어 자료실, 3층에는 청소년 자료실과 복합문화공간을 마련했으며, 숲 전망이 펼쳐지는 통창 앞 좌석과 다양한 독서 공간이 마련되었다.

단순한 독서 공간을 넘어 과학기술 기반 체험형 미래 교육 서비스를 제공하는 '과학 특화 도서관'으로도 주목받고 있다. 아이들에게 과학 지식을 공부해야 할 대상으로 접근하게 하는 것이 아니라 놀이로 접근할 수 있도록 부담을 주지 않은 전시 및 체험 방법을 택하고 있다.

도서관으로는 전국 최초로 인공지능(AI) 교육 전문기관과 협약을 맺고 큐브형 모듈 로봇을 활용한 '큐블렛 프로그램'을 도입해 아이들이 놀이하듯 다양한 로봇 구동 원리를 익힐 수 있도록 했다. 또한 국립과천과학관의 이동형 과학교구 '싸이팝(Sci-POP)' 체험 프로그램을 운영하며 서울시립과학관과의 협업을 통해 과학실험이 융합된 체험교육 프로그램도 지속적으로 진행할 계획이다.

홍보대사를 맡아주신 생명과학자 최재천 이화여대 석좌교수님(전 국립생태원장)의 기증 도서 1,200여 권을 비치한 '과학자 최재천의 서가'가 별도로 마련되어 있으며, 최재천 교수께서는 개관 기념 특별 강연도 맡아주셨다. 이 지면을 빌어 다시금 감사의 인사를 전하고 싶다.

한편 강동구립도서관 가운데 해공도서관이라는 명칭에 대해 궁금해하는 분들이 있다. 다른 구립도서관들은 도서관이 자리한 곳 지명을 따르는 데 비해 해공은 관내 지명이 아니기 때문이다. 독립운동가이자 해방 후 민주주의 발전에 헌신한 해공 신익희(1894~1956) 선생의 호 해공을 따른 명칭이다. 천호3동의 천호동 마을마당 구내에 신익희 선생의 동상도 조성되어 있다. 신익희 선생은 옛 경기도 광주유수부 초월면, 오늘날의 경기도 광주시 초월읍에서 출생하였는데, 강동구는 본래 경기도 광주군 관할이었다. 1963년 주요 지역이 서울 성동구로 편입되었고(성동구 천호출장소 관할), 1975년 강남구로 편입된 후 1979년 강동구가 탄생하였다.

역사적으로 볼 때 해공 신익희 선생은 강동구와 지연(地緣)이 있는 인물인 것이다. 해방 이후 치러진 첫 5.10 총선에서 강동 지역이 속한 경기도 광주군에서 신익희 선생이 당선되었다. 선생은 당시 입법의원 의장이자 자유신문사 사장 자격으로 대한독립촉성국민회 소속으로 출마했는데, 구천면에서 몰표가 나왔다.

디지털 사회로 진화를 얘기하면서 종이책이 사라질 거라는 예측도 있었지만, 종이책은 건재하다. 읽는 종이책에서 더 나아가 요즘에는 필사를 위한 책도 많이 출판되는 등 필사 열풍이 불고 있다. 고학력 부모들이 많은 우리 사회이다 보니 어쩌면 아이들이 받는 독서에 대한 압박은 이전보다 더 클지도 모르겠다. 그래서 중앙도서관과 숲속도서관 모두 아이들 서가에는 구석진 공간과 편하게 누워서 책을 볼 수 있는 공간을 마련하려고 애썼고, 특히 읽어야 한다는 부담을 느끼지 않게 책을 너무 많이 두지 않았으면 좋겠다고 제안했다. 그리고 어린이 영어 원서 서가에는 해당 책 수준을 영미권 아이들의 수준을 기준으로 하여 표시해두어서 혹시라도 영어 수준을 두고 공연히 우리 아이들을 닦달하는 일이 없도록 조치했다.

우리 사회의 빠른 초고령화와 특히 고학력 베이비붐 세대가 어르신이 되면서 도서관을 찾는 시니어들이 늘고 있는 추세다.

여기에 도서관이 어떻게 부응할 것인지 고민할 필요가 있다. 도서관이 책을 읽는 전통적인 독서 행위뿐만 아니라, 책과 독서에 바탕을 둔 문화 활동 동아리나 체험 활동의 장이 되고 있다. 도서관이 책과 사람을 이어줄 뿐만 아니라 책을 읽는 사람과 사람을 이어주는 공동체의 지적·문화적 허브 역할을 하고 있는 것이다.

 강동구의 구립도서관들은 각각의 특성을 더욱 심화, 발전시켜 나가면서 책을 분류, 보존, 관리하는 것은 물론이거니와 이용자들이 책을 읽고 자료를 탐색하며, 지역 주민들이 책과 독서를 매개로 소통하고 활동하는 종합적인 지식·문화 공간으로 발전해 나갈 것이다.

강동아트센터를
품고 있는
공연예술의 도시 강동

강동구청장은 강동문화재단 이사장으로서 2011년 개관한 강동아트센터의 운영 전반을 책임진다. 물론 강동아트센터뿐만 아니라 강동구의 문화 시설 및 운영 전반을 예산, 제도, 인력 등 측면에서 사실상 총괄한다.

강동아트센터는 850석 대극장과 250석 소극장, 그리고 갤러리를 갖춘 복합문화공간이다. 지금이라면 수천억 원이 들어가야 하기 때문에 예산 문제만으로도 자치구 단위에서 신설하기가 결코 쉽지 않은 규모와 음향 시설 등을 갖춘 공연장이다. 한때는 세금 먹는 하마로 애물단지 취급을 당했다는 얘기도 들었다. 그러나 구청장으로서 이런 시설이 관내에 있다는 것이 얼마나 고마운지 모르겠다. 강동아트센터는 세종문화회관이나 예술의 전당, 중구에 국립극장 같은 곳과 직접적인 경쟁을 하고자 하는 곳이 아니다.

강동아트센터의 존재 가치는 우리 주민들에게 고품격의 공연과 전시를 가까운 곳에서 관람하게 한다는 본연의 의미 이외에 고덕역을 비롯한 강동구로 사람을 끌어들이는 앵커 시설로서의 역할을 하는 데에 있다. 그래서 구청장이 되자마자 강동아트센터 전시실에 문제로 보였던 부족한 조명 문제를 해결하는 것으로 나의 이런 비전을 실현하는 첫걸음을 떼었다. 그리고 그 해를 대표하는 시그니처 공연과 전시를 계획하도록 했다. 그 덕분인지 언론에 강동아트센터 공연이 이전보다 많이 보도되고 있다.

올해도 백건우, 손열음 같은 세계적인 클래식 음악가들의 수준 높은 공연을 선보이는가 하면, 우리나라를 대표하는 마술사 가운데 한 사람인 최현우 씨의 매직쇼가 펼쳐지기도 하고, 우리나라 현대무용을 대표하는 국립현대무용단의 어린이 무용극이 펼쳐지기도 한다. 강동아트센터 건물 안에서만이 아니라 '찾아가는 문화콘서트' 개념을 도입하여 각계 전문가와 예술인들이 수준 높은 강연이나 공연을 관내 복지관 등에서 열기도 한다.

강동구는 2023년부터 대중적이면서도 기량이 뛰어난 공연 유치에 본격적으로 공을 들이기 시작했다. 국내 대표 발레단인 유니버설발레단(UBC)의 '지젤'과 베토벤 전문가로 꼽히는 피아니스트 이고어 레비트, 밴 클라이번 국제피아노콩쿠르 한국인 첫 우승자인 피아니스트 선우예권 등 세계적인 연주자와 극단들의 공연을 열어 티켓팅이 몇 시간 만에 끝나는 큰 호응을 얻었다.

구청장이나 강동문화재단 이사장으로서 특히 주목하고 관심을 기울이는 대상은 베이비붐 세대다. 이들을 위한 문화예술 프로그램이 더욱 풍성하고 다양해질 필요가 있다는 것이다. 이른바 베이비부머(1953~1974년생)는 우리 사회에서 자산이 가장 많은 세대이고, 고학력에 초고도 성장 산업기에 사회생활을 하였기 때문에 높은 자기 효능감을 경험한 세대라고 한다. 그러다 보니 지적 호기심도 강하고 문화 향유에 대한 목마름이 특히 강한 것 같다. 이러한 문화 수요에 부응하는 고품격 공연을 지속적으로 유치해 나갈 필요가 있다.

이를 위해서는 선택할 수 있는 공연예술의 특성과 종류가 다양해야 한다. '강동 예술인 페스티발'과 같이 매년 정기적으로 열리는 공연과 전시회도 전년도와는 다른 특성을 담을 수 있도록 노력하고 있고, 36개월 이상 어린이를 주 대상으로 하는, 이 야기가 있는 쉽고 재미있는 클래식 음악회 '퐁당퐁당 키즈 클래식'처럼 아이와 부모가 함께 즐길 수 있는 프로그램을 확대하고 있다. 원로 배우 신구, 박근형, 박정자 등이 출연하는 연극 '고도를 기다리며'와 피아니스트 백건우 리사이틀처럼 언론의 주목을 받고 있는 공연들도 다수 유치하였다. 특히 2023년 에든버러 인터내셔널 페스티벌 공식 초청작 연극 'FOOD'는 아시아에서 초연을 강동아트센터에서 한 작품으로 강동아트센터의 과감한 도전으로 관계자들의 이목을 집중시켰다. 그만큼 강동아트센터의 위상도 올라갔다. 이런 다양한 분야와 특성을 가진 공연과 전시는 앞으로도 지속될 것이다.

2023년 유니버설발레단의 지젤 공연이 있었을 때 공연을 보러온 관객 몇 분들에게 어디서 왔는지 물어본 적이 있다. 발레를 전공하는 학생들은 거의 강동구 이외에서 왔다고 했고, 강동구를 처음 와봤다고도 했다. 좋은 공연이나 전시가 있으면 우리 주변에 있는 자치구와 하남을 비롯한 동부 경기권에서도 보러들 오고 있다. 이처럼 강동아트센터를 중심으로 명품 공연을 유치하면 자연스럽게 강동구의 도시 브랜드 가치가 높아진다. 나아가 지역 경제 활성화에도 도움이 될 수 있다. 좋은 공연과 전시를 보기 위해 강동아트센터로 사람들이 모이면 지역 인지도가 올라가고 상권도 활성화될 수 있다는 것이다.

주민들이 누리는 문화적 기회 향상, 도시 브랜드 가치 제고, 지역 경제 활성화 등 그야말로 일석삼조에 해당하는 것이 강동아트센터의 공연 및 전시 프로그램이다. 강동구는 서울 동남부의 끝자락에 자리하고 있다. 동쪽과 남쪽으로 경기도 하남시와 맞닿아 있고 한강 건너 북쪽으로는 구리시, 남양주시가 있다. 이 세 도시에 현재 계획되고 있는 신도시 개발이 차질없이 진행되면 2030년경에는 약 200만명의 인구가 우리 강동구 주변에 있게 된다. 기회다. 5호선과 9호선 지하철이 연장되면서 혼잡도라는 중대 문제가 생겼지만, 반면에 동부 경기권 주민들에게 우리 강동구에서 즐길 거리를 만들어서 강동구의 상권을 활성화시키는 기회로 삼아야 한다. 그러한 노력 가운데 중요한 한 가지가 바로 고품격 공연예술 기회 다양화를 비롯한 문화 분야의 노력이다. 이미 자치구 차원의 공연예술 관련 정책과 실천에서만큼은 '강남 4구'에서도 최고 수준에 근접했다고 자평하고 싶다.

하나 되는
축제의 도시 강동

　전국의 거의 모든 자치단체들이 정기 또는 부정기 축제를 개최한다. 그 가운데에는 전국적인 인지도를 누리면서 해외에까지 알려져 외국인 관광객들을 유치하는 대규모 축제도 있다. 유력한 관광 상품의 하나로 자리 잡은 축제도 있다. 자치단체 한 곳에서 연중 축제 여러 개를 개최하는 경우도 드물지 않다. 전국적으로 지역 특성을 살리거나 독특한 주제로 여는 축제도 있는 등 성격도 제각각 다양하고, 규모도 다양하다. 대한민국은 연중무휴 축제 중이라고 해도 지나친 말이 아니다. 이렇게 볼 때 서울의 각 구들은 축제를 열기에 상대적으로 불리한 면이 없지 않다.

　그렇다면 서울 자치구의 축제는 무엇을 지향하는 게 좋을까?

첫째, 어렵더라도 다른 지역의 축제들과는 차별성을 지녀야 한다. 다행히 우리 강동구는 암사동선사유적지가 있어 전국적 규모의 선사 축제를 매년 열고 있다. 그리고 오래전부터 상권이 형성되었던 천호역 주변에 로데오거리와 쭈꾸미 골목은 지나온 수십 년의 역사가 있는 만큼 스토리텔링이 될 수 있는 곳이고, 6개의 크고 작은 전통시장은 나름의 개성들이 있어 크고 작은 축제를 열 수 있는 기본이 갖추어져 있다.

둘째, 지역 축제는 지역 주민들의 자발적이고 자유로운 참여, 폭넓은 참여가 중요하다. 특히 상권 활성화를 위한 축제는 주민들이 주도하는 방식으로 이루어지고 있다. 그래야 그 지역만의 특성을 살릴 수 있고, 공연히 예산만 낭비하는 일을 줄일 수 있다.

셋째, 지역 축제는 지역의 전반적인 인지도를 높이고 도시 브랜드 가치를 향상시키는 효과를 거둘 수 있어야 한다. 요즘은 다양한 뉴미디어를 통해 개인들이 홍보의 창구가 되고 있다. 2023년에 새롭게 시작한 천호 자전거거리 축제는 자전거 동호회를 통해 홍보를 해서 인지도를 높이고 있다.

축제를 통해 지역 주민들이 정체성과 자부심을 확인해야 한다.
공동체 의식을 다질 수 있다면 더할 나위 없이
성공한 축제일 것이다.

이렇게 몇 가지로 지역 축제의 원칙적인 역할과 방향을 정리해 보았지만, 사실 가장 중요한 것은 따로 있다. 그것은 지역 주민들이 축제를 통하여 지역 정체성과 자부심을 확인하고 느낄 수 있도록 하는 것이다. 주민들이 함께 사는 이웃이라는 의식을 갖고 서로 협력하면서 일체감을 형성하고 공동체 의식을 다질 수 있다면 더할 나위 없이 성공한 축제일 것이다.

 우리 강동구는 방만하지 않고 각 축제의 특성에 따라 규모나 예산을 잘 조정하여 축제의 내실을 기하는 데 주력해왔다. 그래야 지속가능성이 높아지기 때문이다. 각 축제 관객들의 만족도를 극대화하기 위하여 해당 축제에 오는 다수 관객들의 나이, 성별 등 특성에 맞게 초청 가수를 정하고 있다. 단순히 인기도를 기준으로 하지 않고, 관객의 호응을 끌어내는 끼가 더 많은 가수들 위주로 그리고 무대를 고마워할 줄 아는 팬 서비스가 좋은 가수들을 초청하고 있다. 작은 규모의 축제에는 강동 청년 예술가들의 참여를 적극적으로 반영하고 있다.

 축제에 서사를 녹이는 것 또한 지속가능성을 높이는 방안이 된다. 강동선사문화축제 기간 중 열리는 바위절마을 호상놀이는 축제 안의 축제라고 할 수 있다. 상여 운구 과정에서의 독특한 놀이와 의식이 어우러지는 전통 장례의식으로, 강동 지역 고유의 민속 놀이이자 의례이며 서울시 무형유산이기도 하다. 이를 통해 사라져가는 문화 전통의 맥을 이어가고 공동체 의식을 되새길 수 있다.

강동구는 하나 되는 축제의 도시 강동을 지향하면서 볼거리, 즐길 거리, 먹을거리, 배울 거리, 살거리 등 다섯 가지 '~거리'가 균형 있게 활성화되어 관내 지역 주민들의 참여는 물론 강동구 바깥에서 찾아오는 방문객들도 점점 더 늘어나는 축제를 만들어 갈 것이다.

선사 유적의
역사 도시 강동

강동구라는 행정구역 및 그 명칭이 생긴 시기는 1979년 강남구에서 분리되면서부터다. 이후 1988년에는 송파구가 강남구에서 분리, 신설되기도 하였다. 서초구도 1988년에 강남구에서 분리, 신설되었으니 행정 구역 신설 순서를 따지자면 강남구, 강동구, 서초구, 송파구가 된다. '강남 4구'라는 말은 부동산 가격과 지리적 근접성 기준으로 뿐만 아니라 역사성을 갖고 있는 명칭이다.

2025년을 기준으로 행정구역 강동구의 역사는 46년을 맞이하였다. 서울의 현재 25개 자치구들 가운데 강동구는 은평구와 함께 앞서 말했듯이 1979년에 14번째로 신설되었다. 행정 구역 강동구의 이러한 역사는 수도 서울의 발전과 확장의 역사 그 자체이기도 하다. 조선 왕조의 수도 한양의 강은 청계천이었다. 동쪽으로 중랑천, 서쪽으로 홍제천이 흐르고 북쪽의 북악산, 남쪽의 목멱산(남산), 서쪽의 낙산(대학로 및 성균관대학교 뒷산), 동쪽의 안산(연세대학교 인근) 등이 한양의 경계를 이루었다.

해방 이후로도 상당 기간 서울의 중심이라고 하면 종로와 명동 일대에 국한되었으며 서쪽의 마포, 동쪽의 청량리 일대가 대중교통 측면에서도 전차(電車) 종점으로서 서울 서쪽과 동쪽의 끝이었다. 가수 은방울자매가 부른 노래 '마포종점'(1968년)이 당시의 정취를 전하고 있다. 전통적인 한양 도성 바깥이자 한강 건너 남쪽으로는 영등포, 노량진 정도가 철도 교통망 선상에 자리하여 다소 발전해 있었다.

그러다가 가수 혜은이의 히트곡 1979년 '제3한강교'(1985년에 한남대교로 개칭)의 시대가 열렸다. 1982년 가수 윤수일이 부른 '아파트', 정확히는 강남 아파트 시대가 열린 것이다. 1979년 강동구가 강남구에서 분리, 신설된 것은 이러한 서울의 본격 확장기, 특히 강남 개발 시기와 맞물려 있는 셈이다. 이러한 개발 붐 속에서 암사동 선사 유적지가 온전하게 보존된 것은 그 자체가 다

강동구는 암사동 선사유적지를 품은 '6천 년 역사 도시'이다.
동시에 대한민국 서울의 새로운 발전 가능성을 품은 '50년 현대 도시'이다.

행스럽고 또 놀라운 일이기도 하다.

강동구에서 북쪽으로 한강을 건너 중랑구 면목동 아차산 서쪽 기슭에서 발굴된 구석기 유적과 함께, 서울에서 단 둘뿐인 선사 시대 유적이 바로 강동구의 암사동 신석기 유적이다. 기원전 4,000년~기원전 3,000년경, 그러니까 약 6천 년 전 유적이다. 집터 20여기와 그에 딸린 시설들, 돌무지 시설 등이 발굴되어 드러났다.

암사동 유적지는 지금까지 확인된 우리나라 신석기 유적 가운데 최대의 마을 단위 유적으로도 그 중요성을 높이 평가받는다. 신석기 시대 당시 사람들의 생활 모습을 짐작하게 해주는 유물이 다수 출토되어 신석기인의 문화와 생활상을 알려주는 귀중한 자료로 학계 안팎에서 평가받아왔다. 중랑구 면목동 아차산 구석기 유적에서 석기가 발굴, 수습되기는 하였지만, 아쉽게도 정밀 조사가 이루어지지 않은 상태에서 도시 개발로 유적지가 훼손되어 지금은 그 흔적을 찾기 힘들다.

면목동 유적지와 다르게 강동구 암사동 유적지는 1972년~1975년 국립중앙박물관이 집중적, 체계적으로 학술 조사를 실시하였다. 암사동 외에 강동구 명일동에는 청동기 후기 주거지

유적이 있다. 기원전 3세기 경 유물이 발굴되었다. 암사동 유적지는 체계적인 발굴, 조사가 이루어졌기 때문에 학술적 가치가 높고, 온전하게 그 전모를 파악할 수 있는 서울 유일의 선사 유적지인 것은 물론이거니와, 서울에서 더 나아가 세계적 차원의 의미와 가치를 지닌 유적이라고 할 수 있다.

오늘날 암사동 선사 유적지는 암사동선사유적박물관을 통해 단순한 과거의 유적에 머물지 않고 살아 있는 역사 교육의 장이 되고 있다. 많은 부모와 자녀들이 암사동 유적지 공원과 선사박물관을 찾아 과거와 만나면서 소중한 시간을 갖고 있다. 강동선사문화축제, 암사동선사체험교실, 암사역사문화대학 등 유적을 바탕으로 한 교육 및 체험 프로그램이 진행된다는 점도 의미가 깊다. 올해 2025년은 암사동 유적 발견 100주년이 되는 해이다. 발견 100주년을 앞두고 2024년 10월 8일부터 2025년 6월 22일까지 암사동선사유적박물관 최초로 특별전시회를 개최하였다. '선사예술가'란 제목으로 구석기와 신석기 시대 동굴 벽화와 조각품들을 전시하고 체험 프로그램도 같이 열었다. 특별전 개최로 인하여 암사동선사유적박물관이 박물관으로서의 명실상부한 이력을 갖게 된 것이다.

짧게나마 살펴보았듯이 서울의 자치구로서의 강동구의 역사, 그러니까 근현대 역사는 1970년대 말에 시작되어 반세기에 조금 미치지 못한다. 반면 행정구역 강동구가 자리 잡은 서울의 한강 동남쪽 경계 끝의 역사는 6천 년에 달한다. 강동구는 '6천 년 역사 도시'이자 '50년 현대 도시'라는 점에서 과거 역사의 두터운 지층(地層)과 현대 대한민국 및 서울의 급속한 성장, 발전, 그리고 미래를 향한 새로운 발전의 가능성을 모두 품은 도시라고 할 수 있다.

강동구가 경기도 광주였을 때부터 대대로 살아온 토박이 분들을 만나보면 현재 강동구의 변화를 반기면서도 한편으로는 옛 모습이 전혀 남김없이 사라지는 것에 대한 아쉬운 면도 있는 것 같아 보인다. 그분들과 얘기를 나누어 보면 강남이 개발되기 전까지 천호사거리 일대가 인근 지역에서는 가장 번화한 상업지역이었다는 자부심을 느낄 수 있다. 구청장으로서 그분들의 그 자긍심을 계속 유지 시켜 드려야 한다는 책임감을 느끼고 있고, 사업으로 구현하려고 계획하고 있다.

건강은 기본,
화합은 덤,
생활체육 건강도시 강동

    2023년 한국보건사회연구원이 발표한 '사회경제적 질병 부담 추이'에 따르면 2020년 기준 모든 우리나라의 사회경제적 질병 부담은 169조4930억원으로, 2011년 대비 60.5%(63조9040억원) 증가한 것으로 나타났다. 사회경제적 질병 부담은 질병 비용(cost of illness)이라고도 하며, 특정 질병으로 인해 발생하는 비용을 화폐 단위로 측정하는 지표다. 치료비 외에 교통비, 간병비 등 의료 기관 이용 직접 비용과 금전 지출은 없지만 질병에 의한 생산 활동 제한이나 사망으로 야기되는 노동력 상실 등 간접 비용을 포함해 계산한다.

    2020년 질병 비용은 의료 이용으로 인한 직접 비용이 74.6%

주민의 건강이 곧 강동구의 활력이다.
활력 넘치는 건강 도시 강동을 만드는 것이
생활체육 지원의 최고 목표다.

를, 노동력 상실 등으로 인한 간접 비용이 25.4%를 차지했다. 연령대별로는 50대 비율이 20.4%로 가장 높았고, 60대 19.9%, 40대 14.2% 순이었다. 치료비와 간병비 등 의료 기관 이용으로 인한 직접 비용은 60대가 가장 높았고, 사망 등으로 인한 노동력 상실에 따른 간접 비용은 50대와 40대 순으로 높았다.

이런 조사 결과에서도 짐작할 수 있듯이 많은 일반 국민들이 꾸준한 체육 활동을 통하여 건강을 유지하고 체력을 향상시켜 나간다면, 각종 질병에 시달리지 않으면서 개인의 행복감이 높아지는 것은 물론이고 사회적, 국가적으로 사회경제적 질병 부담을 낮출 수 있다. 이를 통해 국가 경쟁력 향상에까지 긍정적인 영향을 줄 수 있다. '체력은 국력'이라는 말은 빈말이 아니다. 강동구는 건전하고 안전하며 지속적인 주민들의 체육 활동을 뒷받침하기 위해 관련 인프라와 예산, 프로그램 등 여러 측면에서 꾸준히 많은 노력을 기울이고 있다. 누구나 편리하게 공동 체육 시설을 이용하고 프로그램에 참여할 수 있어야 한다는 주민 편리성과 이용 보편성의 원칙에 바탕을 두고 이루어지는 지원이다.

2025년 개관한 강동구의 강일구민체육센터는 지하 3층, 지상

4층 규모로 수영장, 대체육관, 다목적실, 기구필라테스실, 운동 처방실 등을 갖추고 있다. 수영, 배드민턴, 피클볼, 필라테스, 요가 등 남녀노소가 두루 즐길 수 있는 생활체육과 건강 증진 프로그램이 마련되어 있다.

천호2동 복합청사 지하 2층에 자리한 천호어울림수영장은 25미터 5레인 규모 수영장을 비롯해 샤워실, 가족샤워실, 라운지 등 편의시설을 갖추고 아침·저녁 수영, 아쿠아로빅, 어린이 수영 등 프로그램을 운영 중이다. 상대적으로 체육 시설이 부족했던 천호동에 숨통이 좀 트인 귀중한 체육 시설이다.

특히 최근 어르신들에게 큰 인기를 끌고 있는 파크골프 수요를 반영하여 성내유수지 파크골프장을 인조 잔디 9홀 코스로 조성하기 위하여 설계 공모 등을 진행하고 있고, 부족한 야외 코스를 보충하기 위한 스크린 파크골프 연습장을 계속 확충해 나가고 있다.

주민의 건강이 곧 강동구의 활력이다. 활력 넘치는 건강 도시 강동을 주민 체육 활동 활성화를 통해 만드는 것이 생활체육 지원의 최고 목표다. 그 중 초고령사회 진입에 따른 어르신 건강 문제에서 체육 활동의 중요성을 충분히 감안해야 한다. 중장년부터 적절한 체육 활동을 꾸준히 한다면 노년에 치러야 할 개인적, 사회적 건강 비용을 줄일 수 있을 것이다. 어르신의 경우 특히 야외에서는 화장실 설치가 필수이나, 냄새를 이유로 반대 민원이 많아 설치에 어려움을 겪고 있다. 소통을 통한 이해를 구하는 것만이 해답인 것 같다. 주변 주민들과의 계속 된 협의를 통해 확충해 나갈 계획이다.

여전히 아쉬운 건 청소년들의 체육 활동이다. 강동구는 인구 밀집도가 높다 보니 청소년들이 편하게 농구 경기를 할 만한 공간도 부족한 현실이다. 청소년들이 소음 걱정 없이 마음 놓고 운동을 즐길 수 있도록 중장기적으로 새로운 체육 시설을 신설할 필요가 있다는 생각이고, 그에 맞춘 계획을 모색 중이다.

일상에서 체육 활동을 지원하는 이외에 보건소와 보건지소, 각 동 주민센터를 통해 건강 관리를 하는 프로그램의 내실화를 기하기 위하여 디지털 기술들을 계속 도입하고 있다. 스마트폰 걷기 앱을 활용한 강동구 빠르게 걷기 챌린지, 고혈압·이상 지질혈증 건강관리교실 등을 통해 대사증후군 위험군인 중장년층 건강 관리에 힘쓰고 있다. 강일보건지소에서는 유아부터 시니어층에 이르는 다양한 연령층을 위한 건강 증진 프로그램을 운영 중이다.

　강동구가 지원하는 시설과 프로그램을 통해 체육 활동에 참여하는 주민들은 체력과 건강 증진에서 더 나아가, 함께 참여하는 다른 주민들과 친목을 다지고 일체감을 형성하며 같은 강동구 주민이라는 공동체 의식을 높일 수 있게 된다. 자치단체의 체육 활동 지원이 가져올 수 있는 큰 효과가 바로 이것이 아닐까 한다. 요컨대 생활체육 건강 도시 강동에서 건강은 기본이고 주민 간 화합은 금상첨화의 덤이다.

거리의 문화예술화,
특화거리의 도시 강동

거리는 도시의 얼굴이다. 거리의 풍경이 도시의 표정이다. 사람의 얼굴 표정에도 밝은 표정, 어두운 표정, 우스운 표정, 심각한 표정, 진지한 표정, 경쾌한 표정 등 다양한 표정들이 있듯이 도시의 거리 표정도 그야말로 각양각색이다. 그러나 우리나라 대부분 도시의 거리라는 게 교통과 이동 편의, 상업 활동 위주의 효율성을 최우선 가치로 삼아 빠르게 조성되었기 때문에, 별다른 표정이라고 할 수 있는 것이 없는 특징 없는 거리가 많다. 8차선 넓은 도로, 그 도로가에 줄지어 들어선 점포들이 빽빽하게 들어찬 상가 건물들, 그런 상가 건물 뒤로도 식당이나 커피숍, 기타 상점들이 이어지다가 빌라 단지나 아파트 단지가 나온다.

그런 가운데에서도 일부 도시의 거리에서는 새로운 표정 변화가 일어나서 소위 대박을 치고 있다. 그 거리만의 특화된 개성을 행인들이 느끼고 재미를 누릴 수 있는 거리들이 생겨나고 있다. 구청장으로서 강동구에도 핫플레이스 거리를 갖고 싶어서 전문가들을 만나고, 서울 시내 유명한 거리가 있는 지역에 주민들과 구청 관계자들도 만나서 정보를 얻어 보았다. 대동소이한 대답은 "관이 나서서 만든 거리가 아니라 민간에서 전적으로 시작한 거리"라는 것이었다. 아이디어 좋고 용감한 퍼스트 펭귄이 식당이든 카페든 개업을 하면서 손님들이 몰린다. 그러면 그 수익을 보고 리스크가 줄었다고 판단한 다른 상인들이 몰려오면서 거리가 형성되는 것이다. 그런 때 행정기관은 행정적 편의를 제공하는 것이 최선의 서비스가 된다. 방향성을 제시하거나 하는 섣부른 간섭은 금물이다.

특화된 거리의 브랜드 인지도가 높아지면 그 거리가 자리한 지역 자치단체의 브랜드 가치도 함께 높아질 수 있다. 사람들이 찾아오는 거리는 곧 사람들이 찾아오는 지역을 뜻한다. 특화된 거리의 성격과 배경은 다양하다. 역사적 의미가 있는 거리, 음식이나 특정 상품군(群)에 바탕을 둔 거리, 문화예술 측면의 개성을 갖춘 거리, 인근 지역의 전반적 특성에 영향받은 거리 등등이 있다.

강동구에도 특화된 거리들이 있다. 천호대로(성내 2동)에는 성내동 출신 유명 만화작가 강풀의 작품을 벽화로 만날 수 있는 강풀만화거리가 있다. 골목 곳곳이 포토존 역할을 한다. 길의 가로등에도 만화의 명대사들이 적혀 있다. 강풀만화거리에는 강풀 만화에 등장하는 캐릭터 승룡이를 주제 배경으로 한 카페이자 만화방, '승룡이네 집'도 자리 잡고 있다.

강풀만화거리는 2013년 강동구청에서 진행한 따뜻한 마을 만들기 사업의 일환으로 진행되었는데, 사실 강풀 작가는 벽화가 무분별하게 만들어지는 것을 싫어했다고 한다. 그럼에도 불구하고 자신의 작품을 사용하게 된 이유는 지역의 이야기와 연결하고, 주민들의 이야기를 직접 경청하는 기획이었기 때문이라고 한다. 2017년에 강풀문화거리는 아시아도시경관상을 수상하는 영예도 안았다. 강풀만화거리는 SNS를 통해 인지도가 어느 이상은 되는 거리이다. 이런 강풀만화거리를 통해 인근 성내시장과 쭈꾸미골목까지 그 인지도를 확산시키기 위해 도시경관사업 '히어로데이'를 진행하고 있다.

한편 오래전부터 유명했던 강동구의 둔촌동 먹자골목 일대에는 역동적인 스포츠의 모습을 묘사해낸 독특한 테마 거리, '강동 스포츠 맛의 거리'가 있다. 강동구청, 인근 상인들, 그리고 한국체육대학교와 협력하여 조성한 테마 거리다. 상권 활성화를 주요 목적으로 하며 우리나라 채육 전문인 교육의 최고 산실인 한국체육대학교의 특성을 살린 스포츠 관련 이벤트도 개최해 왔다.

강동구 성안로에는 청년이 운영하는 공방들이 밀집한 엔젤공방거리가 있다. 퇴폐 술집들을 없애는 대안으로 공방을 마련하여 청년들에게 창업의 기회를 주는 사업이다. 제품 전시와 판매는 물론이고 일일 공방 클래스도 운영하여 직접 만들어보는 즐거움 체험을 할 수 있다. 문제는 대다수 공방이 아직 매출이 높지 않다 보니 청년 사장들께서 출강을 가면서 가게를 닫아 두거나 온라인 판매가 있어 오프라인 가게를 계속 열어두지 않아 자칫 거리 전체가 활력을 잃은 듯이 보일 수 있는 문제가 있었다. 그래서 일정 요일을 정해 모두 가게를 열어 두도록 정책을 바꾸었다.

이밖에도 청소년과 지역 주민을 위한 안전하고 쾌적한 열린 공간으로 재조성된 명일광장을 품고 있는, 명일동 학원가의 '내

뜻대로 학원거리', 자전거 라이딩 명소로 새롭게 주목받고 있으며 '벚꽃 라이딩 챌린지' 행사도 열리는 천호동자전거거리, 상대적으로 저렴한 가격이 다양한 문구와 완구와 만날 수 있는 '천호동 문구완구거리', 점포 밀집 거리인 상일여고길 일대의 상권을 활성화하기 위한 야간경관 특화거리, '계내 별길', 음식에 바탕을 둔 냉면거리와 쭈꾸미 골목 등을 도시경관사업을 통해 그 표정을 바꾸고 있다.

고덕비즈밸리와 인접한 고덕동, 올림픽파크포레온과 향후 재건축될 올림픽선수촌아파트에 인접한 양재대로와 강동대로 주변 일대가 중장기적으로 서울의 명문 거리가 되길 기대해 본다. 이를 위해 강동구는 서울시와 협의하여 지구단위계획을 변경하는 사업을 진행하고 있다. 용적율의 한계를 벗어나기 위하여 다양한 방안을 모색하고 있고, 그런 방안을 통해 자극을 받은 민간에서 재건축이나 리모델링으로 개성 넘치는 거리를 만든 강동구를 상상하면 자연스레 미소가 배어 나온다.

소프트 파워를 가진
문화도시 강동

'더 나은 강동, 더 살기 좋은 강동'은 모든 강동 주민들의 소망일 것이다. 이러한 소망에 부응하여 강동에 사는 분들의 삶의 가치, 삶의 질을 높이는 것, 모든 주민의 행복을 높이는 것이 강동구청에 주어진 사명이다. 강동구청의 목표는 사람들이 살고 싶어 하는 도시를 만들어 가는 것이다. 행사에서 주민들을 만나면 "강동구에 터를 잡은 것이 3대가 복 받은 일이 되도록 하겠습니다"고 공언한다. 살기 좋을 것 같아서 찾아오게 해야 하고, 살아보니 좋아서 옮길 수 없는 도시 강동이 되어야 한다. 소위 상급지로 옮겨가기 위한 수단 정도로 여겨지는 강동이어서는 안된다는 게 확고한 생각이다.

소프트파워 측면에서 강동구는 높은
잠재력과 가능성을 갖추고 있다.
나는 강동구의 문화적 매력에 이끌려 사람들이 모이는
강동구를 만들기 위해 애쓰고 있다.

세계적인 도시 전문가로 토론토대학교 교수인 리처드 플로리다는 사람들이 모여드는 지역이 되기 위한 환경으로 어메니티(amenity)를 제시했다. 어메니티를 쉽게 말하면, 강동이라면 강동 사람들에게 생활의 만족감과 편리함, 쾌적함, 문화적 기회 등을 조성, 제공해 주는 것이다. 강동구의 문화적 어메니티가 높아진다는 것은 주민들에게 문화적인 만족감과 편리함, 쾌적함을 조성하여 제공함으로써 생활(Live), 여가(Play), 근로(Work)를 조화롭게 누릴 수 있는 지역이 되는 것이다.

플로리다 교수는 저서 <도시와 창조계급>에서 미국의 오스틴 시를 예로 들어 이렇게 말한다.

"관건은 오스틴 지역의 삶의 질을 높이는 것이다. 이를 위해서 깨끗한 환경, 다양한 레크리에이션 기회, 문화적 어메니티가 확보되어야 한다. 오스틴 시가 지속적으로 성장 발전하기 위해서는 오스틴이 가지고 있는 모든 자산을 최대한 활용해야만 할 것이다."

중국의 저명한 교육학자이자 도시문화 전문가 양둥핑은 <중국의 두 얼굴>이라는 책에서 중국 도시 경쟁의 현황을 이렇게 전한다.

"중국의 도시들은 지금 불꽃 튀는 경쟁을 벌이고 있습니다. 중국의 183개 도시가 국제화 대도시를 목표로 내걸고 있습니다. 그러나 정말 제대로 경쟁력을 갖춘 전국적인 중심 도시는 베이징, 상하이, 홍콩 등 몇 개 도시에 불과합니다. 이제는 경제 분야 이외에 새로운 경쟁 좌표가 등장했습니다. 이른바 소프트파워라 불리는 문화경쟁력이지요."

우리 강동의 문화적 어메니티는 어떠한가?

가장 먼저 자연환경을 꼽고 싶다. 숲이 우거진 근린공원과 보존이 잘 된 한강은 자연환경으로서 훌륭할 뿐만 아니라 그 곳에서 체육 및 여가 활동을 같이 할 수 있다는 장점이 있다. 실내 공기보다는 야외 공기를 더 좋아하시는 어르신들의 경우 야외 운동 기구들을 요긴하게 활용하고 있다. 특히 최근에 근린공원에 무장애데크를 설치하여 유모차를 끌고도 나무숲을 만끽할 수 있고, 어르신도 보행기를 끌고 부담 없이 산을 오를 수 있게 되었다. 허브천문공원을 비롯한 몇몇 근린공원과 서울시의 지원을 받아 조성한 소규모 정원에는 땅과 화초를 좋아하는 주민들이 자원봉사를 통해 우리의 정원을 가꿔가고 있다.

고덕천과 망월천 개발 사업이 완공되면 지금보다 더 한층 쾌적한 환경에서 수변 감성을 느끼면서 운동과 여가를 즐길 수 있게 될 것이다. 고덕유수지 옆 고덕천 미디어월에서는 문화 공연이 계속 이어지고 있는데, 지난 9월말에 영화 '장화신은 고양이' 상영이 있었다. 예상보다 훨씬 많은 주민들이 가족 단위로 관람하였고, 최고의 만족도를 표시하였다.

강동구에는 재건축과 재개발을 통한 신축 아파트 단지들이 많다. 많은 단지들이 커뮤니티 시설을 갖추고 있어서 슬리퍼 존에서 다양한 체육 및 문화 활동을 하고 있다. 그런 커뮤니티 시설이 아니더라도 각 동 주민센터와 문화체육시설들을 통해 신체와 정신 건강까지 모두 챙길 수 있는 인프라는 상당한 수준까지는 갖추어져 있다고 본다. 물론 대규모의 체육관이 더 필요하다는 전제에서다. 앞서 밝힌 바와 같이 강동중앙도서관과 강동숲속도서관, 강동아트센터는 강동구의 문화 자산을 대표하는 시설들이다. 신규 유통시설 개장을 통해 그동안 강동구를 대표하는 유통시설이 없는 걸 아쉬워하던 주민들의 욕구도 조금은 해소되었다고 본다.

이런저런 요건을 보아도 소프트파워라는 문화 측면에서 강동구는 높은 잠재력과 가능성을 갖추고 있다. 강동구는 산업단지와 업무단지 그리고 상업지역, 문화적 기회, 자연생태 환경 등이 균형 있게 조화를 이룬 곳으로 발전하고 있다. 정주 여건과 삶의 질, 문화적 기회 등을 향상시킴으로써 사람이 모이는 '매력 넘치는 강동'을 만들기 위한 방안이 강구되어야 한다. '강동구에 살면 누릴 수 있는 문화적 기회가 다른 지역보다 많다'는 인식을 확산시킬 수 있어야 한다.

광역자치단체도 아닌 기초지자체인 강동구가 기획하고 구현할 수 있는 도시 정책은 법령상 구에 도시계획권이 없기 때문에 한계가 있고, 예산이라는 현실적인 한계가 있다. 그러다 보니 높은 수준의 문화적 삶의 질을 보장해주는 것이 그리 쉽지 않다. 문화 기반 시설도 훨씬 더 확충해야 하고, 지역의 전반적인 문화적 분위기나 풍토도 진작시킬 필요가 있다.

이런 사업들은 오랜 기간에 걸쳐 꾸준히 예산이 투자되어야 가능한 일이다. 그리고 주민들이 일상생활에서 느끼는 다양하고 구체적인 문화적 감수성과 요구를 세심하게 고려하면서, 가치와 정신까지 담아내야 가능한 일이다. 문화 기반 시설과 문화적 풍토를 갖춘다는 건 한 지역이 갖는 유형의 물리적 자본만이 아니라 무형의 상징자본을 축적하는 일이기 때문이다.

무형의 상징자본은 국가 차원에서도 소프트파워라는 이름으로 더욱 중요해지고 있다. 21세기에 들어와 '부드러운 힘' 즉 소프트파워(soft-power)의 중요성이 날로 커지고 있다. 강국의 전통적인 기준인 경제력과 군사력 같은 하드파워(hard-power)만으로는 국민 개개인의 다양한 욕구를 만족시키는 데 한계가 있는 시대이다. 가장 경제 성장률이 높았던 시기를 지나 소득불균형, 경제 양극화가 심한 저성장 시대를 겪고 있는 지금은 어느 때보다 문화가 더 중요해진 것 같다. 삶의 질을 높이는 대안으로서 문화의 역할 이외에 국가 경쟁력을 높이는 문화의 역할을 K-컬처를 통해 우리는 보고 있다.

나는 우리 강동구가 경제와 산업 측면에서 더욱 발전하기를 바라지만, 그에 못지않게 우리 강동구의 소프트파워가 더욱 강해지기를 소망한다. 그 소프트파워에 매료되어, 그러니까 강동구의 문화적 매력에 이끌려 사람들이 모이는 강동구가 되기를 바라며, 그런 강동구를 위해 더욱 애쓰고자 한다.

5장

강동의 꿈의 크기가
강동의 미래를 좌우한다

사통팔달 교통특구 강동

50만 강동시대의 백년지대계, 강동 그랜드 디자인

청소년의 꿈을 응원하는 교육도시 강동

안전하고 건강한 보육도시 강동

영 올드 시대에 맞춘 어르신이 편안한 시니어 친화도시 강동

3.1운동과 참전 용사들의 뜻이 서린 강동구

사통팔달
교통특구 강동

도시에서 교통과 도로, 길이 얼마나 중요한 것인지 나타내는 말로 '도시는 선(線)이다'라는 말이 유행한 적이 있었다. 선을 그리다 말거나 선이 너무 가늘거나, 지점과 지점을 연결하는 선의 숫자가 부족하면 선으로서의 도시는 제 기능을 하기 어렵다. 당연히 도시에 거주하는 주민들의 일상생활이 불편할 수밖에 없다. 내일이 더 기대되는 도시 강동으로 나아가려면 '교통' 문제 해결이 최우선 과제라는 것이 나의 진단이고 소신이다.

2022년 총선에서 강동갑에 출마하였을 때도 '교통'의 중요성을 강조했다. 주민들이 가장 크게 원하는 GTX-D 강동구 경유와 9호선 4단계 사업 등과 같은 민원들 대부분이 교통에 관한

교통이 복지이고 교통이 민생이다.
교통 문제 해결과 교통 인프라 확충을 위한 나의 노력에는
결코 쉼표도 마침표도 없을 것이다.

것이었다. 문재인 정부 때 이루지 못한 GTX-D 강동구 경유는 구청장 후보로 나서면서도 당연히 최우선 공약으로 삼았다.

교통이 복지이고 교통이 민생이라는 것이 나의 지론이다. 출퇴근과 물류 유통, 경제 활동, 여가 생활 등 주민 삶의 모든 부문에서 교통 기반 시설이 기본이다. 빠르고 편리하면서 안전한 도시 교통이야말로 도시의 경쟁력과 주민 삶의 질을 보장하는 토대다.

GTX-D 강동구 경유를 따내기 위하여 구청장 후보일 때부터 원희룡 국토부장관 내정자를 찾아가 설득했고, 구청장으로 취임 후에는 관련 국장과 부서를 독려하여 백방으로 도움을 줄 수 있는 사람들을 찾아 다녔다. 우리의 논거를 계속 업데이트하여 제출한 서류의 양도 어마어마하다.

참고로 구청장으로 강동구를 위한 사업과 정책에서 설명이 필요하다고 판단되면 교육부총리, 국토교통부 장관, 서울시장, 서울시 교육감, 도시공사 사장, 국토지리정보원 원장 등 누구든 가리지 않고 어떤 상황이든 약속을 잡아 만났다. 강동구의 현실을 정확히 이해시키고, 사업에 필요한 예산과 경제성(B/C)을 뛰어넘을 절실한 이유를 합리적으로 설득하면 못 이룰 일은 없다고 확신하고 있다. 2007년부터 시작한 정당 활동으로 쌓은 크고 작은 인맥과 인연을 그야말로 총동원하였다.

미온적이고 수동적으로만 나오는 기관에는 때로는 너무 저돌적이다, 무례하다는 말도 들을 정도로 의도적으로 소위 들어 받기도 했다. 어떤 말을 들어도 상관없다. 교통 문제 해결을 비롯한 강동구의 현안 숙원을 풀기 위해 애쓰다가 듣는 말이라면 말이다. 그렇게 찾아가서 설득하다 보면 비록 지금 당장 해결되지는 않더라도 만난 분들의 뇌리에는 '강동구의 열의와 절실함, 정성'이 강한 인상으로 남게 되어 있다. 시일이 좀 걸리더라도 결국 현안 해결의 실마리가 풀릴 수 있게 되는 것이다.

강동구의 교통 여건은 수치로 보면 괜찮다. 그러나 그 정도 수준으로는 빠르게 늘고 있는 강동의 교통 수요에 적절히 대응할 수 없다. 강동구는 아직 교통에 관한 한 배가 고픈 상태다. 가장 많이 이용하는 대중교통인 지하철 중 8호선은 노선이 연장되면서 혼잡도와 배차 문제가 심해졌다. 버스는 신축 아파트 단지는 늘어나는데 버스총량제로 인하여 노선 신설 및 변경, 증차 모두 제때 이루어지지 못하고 있다.

버스총량제는 서울시가 버스준공영제를 운영하면서 면허등록된 버스 개수를 제한하는 제도이다. 버스준공영제란 서울시가 노선을 정하는 권리를 갖는 대신 버스 업체에 재정 지원을 해주고, 버스 업체는 지원을 받는 대신 서울시가 정한 노선대로 운행하는 것을 말한다. 서울시가 재정 지원을 해주기 때문에 버스 대수를 일정 수로 제한할 수밖에 없다. 그래서 노선를 하나 신설하려면 폐선되는 노선이 하나 있어야 되고, 버스 증차를 하려면 그에 상응하는 감차가 있어야 한다. 그러다 보니 서울시로부터 노선 신설이나 증차를 얻어 오는데 지난한 시간과 노력이 필요한 상황이다.

주민들의 성원과 지지에 힘입어 소기의 성과도 거두었다. 무엇보다도 수도권 광역급행철도, 즉 GTX의 D 노선의 강동구 경유가 확정된 것은 참으로 다행스럽고 기쁜 일이었다. 구청장으로서 가장 큰 성취감을 느낀 일이다. 이를 통하여 강동구가 동부수도권 교통의 핵심 거점으로 도약할 수 있는 기회가 더 늘어난 셈이다. 앞으로 국가 철도망 구축계획에 최종 반영을 위해 계속 모니터링하면서 관련 기관과의 협의를 이어가고 있다.

2024년 8월에는 지하철 8호선 암사역에 별내역까지 구간이 연장 개통되었고, 암사역사공원역이 신설되었다. 노선이 연장되다 보니 특히 특정 출근 시간대에는 객차가 강동구에 들어올 때는 이미 거의 만차가 되어 온다는 문제가 있다. 개통 전부터 예상되는 혼잡도 문제를 해결하기 위하여 서울시와 경기도를 접촉하면서 동분서주하였다. 출근 시간대 혼잡 해소를 위해 암사발 모란행 열차를 추가 운행 중이다.

2025년 초에 세종-포천고속도로가 뚫렸다. 이로써 강동 지역에는 올림픽대로와 수도권1순환고속도로, 서울양양고속도로, 중부고속도로 등 광역고속도로만 5개에 이르게 되었다. 세종-포천고속도로 일부 개통으로 고덕토평대교에서 남안성분기점(JC)까지가 연결돼 강동 고덕나들목(IC)를 통해 포천 등 경기 북부와의 접근성이 개선되었다. 고덕비즈밸리 인근 동남로에서도 고속도로와 올림픽대로를 통해 양방향 이용이 가능하다.

서울 한강 구간 전 지역은 그간 도심과 토끼굴로만 연결됐다. 이제는 올림픽대로, 구리암사대교 구간에서 '암사초록길'이라는 이름의 덮개 보행길이 개통되어 올림픽대로 위로 길을 건너 한강 공원에 진입할 수 있게 되었다. 서울의 친환경 보행 교통 시설의 대표적 사례로 자리 잡게 될 것이다.

추진 중인 사업으로는 지하철 5호선 둔촌역과 굽은다리역 구간을 직접 연결하는 지하철 5호선 직결화 사업이 있다. 강동구 내 5호선은 옆으로 누운 Y자형으로 본선과 지선이 나뉘어져 있어 불편함이 크다. 직결화가 이루어지면 강남권 등 주요 지역에 대한 접근성이 높아지고, 강동역을 거쳐 오금역까지 우회해야 하는 번거로움이 해소될 수 있다. 그래서 교통 전문가는 5호선 직결화 사업은 새로운 노선을 하나 더 설치하는 것과 같은 효과를 준다고 평했다. 사업비가 당초 예상했던 수백억원에서 수천억원으로 증가한 것이 부담이지만, 계속 강하게 추진하고 있다. 중앙보훈병원에서 고덕 강일 1지구 사이에 4개 정거장을 신설하는 9호선 4단계 연장 사업이 2028년 완공을 목표로 공사 중이다.

지하철 9호선 강동-하남-남양주선 연장 노선은 강동구를 시작으로 하남 미사지구를 거쳐 남양주 진접 2지구까지 연결되는 총 길이 17.59km 규모 노선으로 강동구 강일동 1개역(신강일역), 하남 미사 1개역 등의 신설이 추진되고 있으며, 2026년 하반기 착공을 목표로 하고 있다.

2022년 12월 이후 버스 노선 21건을 개선하였다. N31버스 노선 연장 및 증차, 출근형 맞춤버스 8332번과 3324번 노선 신설, 3323번 노선 연장, 마을버스 강동 01, 02, 05번 등의 노선 조정이 이뤄졌다. 앞서 설명한 바와 같이 버스총량제로 인하여 버스 노선 신설을 위해서는 폐선되는 노선이 있어야 하기에 부서에서 여러 루트를 통해 폐선 정보를 계속 모니터링해 왔고, 임시 주박차 시설이 있으면 노선을 가져오는 게 유리하다는 정보에 따라 급하게 강일동 8단지 옆 부지를 매수 확약하는 등 여러 노력을 통해 3324번 노선을 신설할 수 있었다. 부서들의 협업이 빛을 발한 성과였지만, 무엇보다도 주민들을 위해 임시 주박차를 용인해 주신 8단지 주민들께 이 지면을 빌어 다시금 감사의 마음을 전하고 싶다.

앞으로도 교통만큼은 확실하게 챙기는 구청장이라는 평가를 받을 수 있도록 계속 노력할 것이다. 교통 문제 해결과 교통 인프라 확충을 위한 나의 노력에는 결코 쉼표도 마침표도 없을 것이다.

50만 강동시대의
백년지대계,
강동 그랜드 디자인

구청장으로서 책임져야 할 과제 중 하나는 미리 강동구의 미래를 위한 계획을 세워두어야 한다는 것이다. 하지만 선출직이란 현실적 한계에서 쉽지는 않은 것 같다. 4년에 한 번 지방선거의 파도를 넘어야 하는 자치단체장들은 더욱 현안에만 집중하기 쉽기 때문이다. 지금 닥친 민원을 해결하고, 당장 요구하는 시설을 짓는데 예산을 배정하려는 유혹을 이기기 쉽지 않다. 누구도 감히 장담할 수 없는 게 선거 결과이기에 10년 후나 20년 후 미래에 행정력과 예산, 시간을 쓰는 건 그만한 책임감과 소신, 용기가 필요한 것 같다.

구청에 기술직 공무원의 보직 임기는 2년이며, 서울시 자치구들의 경우 서울시 본청이 인사권을 갖고 있다. 서울시 전체 차원의 순환 보직인 것이다. 이런 인사 시스템에서는 경우에 따라 구 입장에서는 업무 연속성을 기하기가 쉽지 않은 문제가 있다. 그리고 자치단체장이 임기 4년 안에 새롭게 이룰 수 있는 사업이나 정책은 지극히 제한적이다. 그나마 복지는 구비(區費)에서 충당할 여지가 있지만, 큰 구상과 전략, 중장기적 관점의 도시계획안은 서울시의 협조와 예산, 인력이 받쳐주지 않는다면 시작하기도 어려운 과제이다.

강동의 미래를 위한 큰 구상과 전략적 그림의 필요성을 구청장 당선 전부터 갖고 있었기 때문에 구청장인 내가 의지를 갖고 중장기 비전을 세우고 실천해나가지 않고 현안만 뒤쫓아 다니게 되면 현안의 미로에 갇혀 그 바깥에 있는 미래의 가능성을 읽지는 못하게 될 것 같다는 위기의식이 발동했다. 그리고 2022년말 서울시가 수립한 장기 과제인 2030서울도시기본계획 안에 강동구에 해당하는 내용이 절대적으로 부족하다는 위기의식이 또한 큰 자극이 되었다. 2040서울도시기본계획에는 우리 강동구가 만든 계획안을 반영하도록 해야 한다는 필요가 커졌다. 그렇게 임기 2년 차에 2040 강동구의 도시계획인 강동 그랜드 디

강동구에서 터를 잡은 것이 3대가
복 받은 일이 되도록 강동구를 변화시키겠다.
구청장으로서 한 나의 약속들이
강동 그랜드 디자인 안에 녹아 있다.

자인 용역을 시작하게 되었다. 다행히도 구의회의 협조로 예산 편성을 할 수 있었고, 많은 부서들의 협조로 2차 실행 계획까지 진행할 수 있었다.

강동의 백년지대계라고 할 수 있는 '강동 그랜드 디자인'을 전문가들과 만들어 오면서 다양한 전문가들의 의견을 경청했다. 개인적으로 도시계획이나 건축학, 강남개발 역사에 관련된 책들을 읽으면서 나도 전문적인 식견을 조금이라도 보충하기 위해 노력했다. 공청회를 통해 주민들의 의견도 반영하려고 노력했다. 주민들께 현재가 아니라 미래 산업 변화를 상상하면서 계획안을 검토해 달라고 설명했지만, 그렇게 상상하는 게 쉽지는 않았던 것 같다. 그러다 보니 주로 문화체육시설에 관심을 가지는 경향을 보였다.

강동 그랜드 디자인의 구체적인 내용은 올해 말이면 공개가 될 것 같다. 내일이 더 기대되는 도시 강동으로, 강동구에서 터를 잡은 것이 3대가 복 받은 일이 되도록 강동구를 변화시키겠다는 구청장으로서 한 나의 약속들이 2040 강동구 도시계획안인 강동 그랜드 디자인 안에 녹여 있다.

나는 몇 년 안에 강동구가 서울 동남권 중심 도시로 자리 잡느냐 아니냐의 중대한 기로에 서게 될 수도 있다고 예측한다. 인접한 하남시와 구리시, 남양주시에 현재 계획대로 대규모 신도시들이 조성된다면 2030년경에는 인구 200만이 우리 배후에 있게 된다. 지금 당장 받고 있는 신축아파트 특수 이외에 미래 도시로서 비전과 구체적인 계획이 필요한 이유다.

강동은 직주(職住)가 근접한 '일자리 자족도시', 근로와 생활을 같은 권역에서 누릴 수 있는 도시로 발전해야 한다. 그 중심에 고덕비즈밸리가 있다. 축구장 10개 규모, 7만 여 평의 땅에 이미 24개 기업이 입주를 마쳤다. 앞으로 아산복지재단, 한전KDN, JYP 등 굵직한 기업과 강동세무서가 잇따라 들어설 예정이다. 동부 수도권의 새로운 경제·산업 축이자 강동구의 랜드마크이며 미래 성장 거점으로 더욱 활성화시켜야 한다.

원도심과 신도심 간 균형 있는 발전도 강동 그랜드 디자인의 핵심 목표다. 기존 도시 중심지였던 천호동 일대가 구도심화되고 고덕동 일대가 재건축되면서 도시 중심지가 빠르게 변화했다. 재건축과 재개발 사업이 활발히 진행되는 시점에서, 원도심 지역 대로변 상가 밀집 지역에는 용적률을 합리적으로 상향 조정하고, 우수한 건축 디자인을 갖춘 랜드마크 건립을 유도하는 방안 등을 서울시와 모색 중이다.

한편 강동 지역의 한강은 여의도, 반포, 잠실 등의 한강과 다르다. 상수원보호구역, 생태보존지역 등 자연이 그대로 보존된 천연의 한강이다. 한강 순찰 보트를 타고 강동구 한강변을 보았을 때 마치 맹그로브 숲을 보는 듯한 느낌을 받았다. 강변북로를 타고 동쪽으로 이동하면서 강동구 한강변을 바라본다면 이 표현이 과장이 아님을 인정하게 될 것이다. 최근 한강버스를 타고 다른 자치구의 한강변을 보았지만 강동구 한강변과 같은 풍광을 가진 곳은 없었다(애석하게도 잠실 수중보로 인하여 한강버스는 강동구에는 올 수가 없다). 서울의 다른 곳에서는 누리기 힘든 자연환경이다. 결국 우리 강동구는 주거와 산업, 자연의 삼박자를 갖춘 서울에서는 드문 지역이 될 수 있고, 또 되어야 한다.

이와 관련하여 나는 "강동 한강 그린웨이" 사업이 큰 역할을 할 것이라 기대한다. 그린웨이는 강동구에서 둘레길을 부르는 명칭이다. 그러니까 강동 한강 그린웨이는 강동구 한강변의 둘레길이 되는 것이다. 강동구 한강변의 또 다른 특징인 한강변과 접해 있는 산을 둘레길로 걸을 수 있게 조성하는 사업이 강동

강동 한강 그린웨이, 강동구 한강변의 둘레길 이름이다.
한강과 산과 숲이 어우러진 생태 중심지로
강동구의 한강 구간을 브랜드화하고 있다.

한강 그린웨이 사업이다. 이것은 한강·산·숲이 어우러진 생태 축의 중심지로 강동구의 한강 구간을 브랜드화하는 것이다. 단기·중기·장기의 단계별 계획을 수립하고 제도 개선과 구간별 실행 사업을 병행 추진하게 된다. 구체적으로 암사생태공원에서 가래여울마을까지 4개 구간으로 나눠 각 구간 특성과 강점을 살린 전략으로 12개 실행 과제를 마련했다.

먼저 서울 암사동 유적, 암사역사공원, 암사초록길, 암사생태공원을 잇는 구간(A구간·암사 초록 이음길)은 역사·문화 체험과 생태 교육이 가능한 휴식 복합 공간으로 조성한다. 암사취수장에서 고덕산까지 이어지는 구간(B구간·한강누리길)은 경관 특화 공간으로 만든다. 한강변을 따라 걷는 생태관찰로와 함께 고덕산에 고덕토평대교의 석양을 감상할 수 있는 전망대와 서울둘레길과 연계되는 생태교량을 조성할 계획이다.

고덕산에서 고덕천까지(C구간·고덕 생태누빔길)는 생태와 도시가 어우러진 공간으로 탈바꿈한다. 구는 고덕토평대교 하부 자전거쉼터 조성, 고덕생태공원 진입부 개선, 고덕천 연결성 강화 사업을 내년부터 자체 추진할 예정이다. 마지막으로 고덕천에서 가래여울마을까지(D구간·여울마루 쉼터길)는 자전거 라이더들의 쉼터로 사랑받는 만큼 편의시설을 확충하고 특화 먹거리길을 조성한다.

사업이 마무리되면 친환경 공간 조성을 넘어 주민 여가·휴식 인프라 확충, 세대 간 교류 촉진, 교육·체험 기회 제공 등의 효과가 있을 것으로 기대되며, 강동구의 한강변이 서울을 대표하는 친환경 수변공간으로 새롭게 자리 잡을 수 있을 것이다. 강동 한강 그린웨이와 고덕천·망월천 정비사업이 마무리되고, 고덕비즈밸리 등이 안전적으로 자리 잡게 되면 강동구는 명실상부하게 주거와 산업과 자연이라는 삼박자를 균형 있게 갖춘 친환경 자족도시로 발돋움할 수 있다.

공자(孔子)의 제자 자하(子夏)가 거보라는 지역의 관리로 임용된 다음, 스승인 공자에게 정치에 관해 질문했다고 한다. 이에 공자는 다음과 같이 대답했다고 한다. "빨리 효과를 보려고 욕심내지 않으며, 사소한 이익에 눈을 돌리지 않는다. 빨리 얻으려고 하면 목표를 달성하지 못하고(欲速則不達), 작은 이익에 집착하면 큰일을 이룰 수 없다(見小利則大事不成)."

청소년의 꿈을
응원하는
교육도시 강동

3040 인구를 유입시키기 위한 제일 중요한 요인은 교육 환경이다. 교육 환경은 지역의 경쟁력이자 도시의 희망이다. 나는 이러한 믿음 아래 교육이 도시의 미래 동력이 될 수 있도록 정책적 기반을 하나씩 다져가고 있다. 2025년부터 올해 고교학점제가 전면 시행되며 교육의 흐름에 큰 전환점이 생겼다. 강동구는 이에 능동적으로 대응하고자 '더 베스트 강동 교육벨트'를 본격 운영 중이다.

부서에서 처음 이 사업을 기획하여 보고를 왔을 때 그 노력과 성의에 정말 기뻤던 기억이 난다. 이 사업은 교육청과 대학, 관내 학교가 협력해 학교별 특화 교육과정을 강화하는 데 중점을 두고 있다. 지난해 전국 우수 고등학교 4곳을 방문해 교육 환경을 조사하고 관내 5개 고교에 교사 특강과 컨설팅을 지원해 현장의 목소리를 담았다. 그 결과 올해 선정된 3개 고교에서 협력 대학과 연계한 42개 특화 교육과정이 운영되고 있다. 생성형 인공지능(AI) 콘텐츠 개발, 스포츠 융합 수업, 정보 기반 로봇 캠프 등 학생들은 흥미와 적성에 맞는 수업을 통해 자기주도적 역량을 키우고 있다. 중간 점검의 의미로 성과를 확인하기 위하여 학교를 방문하였을 때 선생님들과 학부모님들의 만족도가 높다는 걸 내 눈으로 확인할 수 있었다.

그 외에 학생이 자신의 적성과 흥미에 따라 선택하고 수강하는 참여형 진로·전공 수업 '강동 스마트 캠퍼스'도 학생 중심 교육의 새로운 장을 열며 주목받고 있다. '강동 스마트 캠퍼스'는 입학 및 진로 전문가, 대학 교수 등이 참여하는 온라인 진로 및 전공 강의 과정이다.

강동구와 전국 시군구 학생들이 디지털 교육 플랫폼 '강동 미래온'에서 실시간으로 수업을 들으며 다양한 전공과 진로를 탐색할 기회를 얻고 있다. 특히 2025년 7월 11일에는 한국인 최초로 '크리그바움언더40상'을 수상한 미국 조지아대학 안선주 교수를 초빙해 '메타버스와 인공지능(AI) 시대-인문사회과학적 로드맵'을 주제로 한 현장 특강도 열어 큰 호응을 얻었다.

매년 강동아트센터에서는 '진로진학박람회'가 강동구의 대표 교육 지원 사업 중 하나로 개최되고 있다. 해마다 참여 대학이 늘어 올해는 26개 주요 대학의 입학사정관과 진학 전문 교사들이 참여해 1:1 맞춤 상담을 제공하고, 공교육 최고의 입시 전문가 교사의 대입 전략 설명회도 함께 진행됐다. 노쇼가 없다는 사실이 이 프로그램의 질적 수준을 대변한다고 생각한다.

강동구는 교육의 질적 성장과 함께 학교 시설 환경을 개선하는 것이 급선무가 되고 있다. 신축 아파트 단지 주변 초등학교의 과밀학급 문제와 원도심에 신축된 아파트 단지들 아이들의 통학로 문제가 그 예이다. 이를 해결하기 위하여 앞서 밝힌 바와 같이 백방으로 노력했고, 초등학교 2개와 중학교 1개 신설이란 성과를 얻어냈다. 통학로 문제는 공원 안에 보행길을 만드는 제3의 방안을 마련하여 주민들의 협조를 구하고 있는 중이다.

미래교육혁신센터(구천면로 395)는 강동구의 미래 인재를 위한 진로 나침반 구실을 하고 있다. 4차 산업혁명 시대를 주도하

교육은 도시가 함께 걸어야 할 긴 여정이다.
강동구는 아이들, 학부모들과 함께 걷고 있다.

는 창의적인 미래 인재의 길잡이 역할을 목표로 삼아 운영된다. 진로를 고민하는 아동 및 청소년들이 공교육을 중심으로 균형 있는 최적의 진로 및 진학 전략을 찾고 세울 수 있도록 뒷받침한다. 미래인재 육성 프로그램, 진학전략 상담실, 진로 직업 체험 등 다양한 프로그램을 이용할 수 있다.

강동구는 학습 일변도의 교육 지원이 아니라 학습과 교양 및 문화가 조화와 균형을 이룬 지원을 지향하고 있다. 둔촌 청소년 문화의 집, 천호 청소년 문화의 집, 아동청소년 미래 본부 등이 그러한 균형 잡힌 지원 역할을 해오고 있다.

강동구는 학생들의 마음 건강도 놓치지 않고 있다. 지난 6월 서울시 25개 자치구 중 유일하게 '서울형 학교 자살 위기 대응 시스템 구축 시범사업'에 선정돼 총 6천만 원의 사업비를 확보했다. 위기 대응 매뉴얼을 제작하고 심리학·사회복지학 전공 대학생을 '마음 돌봄 서포터즈'로 양성한 뒤 학교에 파견해 청소년이 감정을 인지하고 표현하며 필요할 때 도움을 요청할 수 있도록 돕는 훈련 과정을 지원할 계획이다.

지역의 전반적인 도시 환경 자체가 큰 맥락에서 교육 환경에 해당한다. 바로 이 점을 감안하여 명일동 미관광장 일대의 도시 경관을 개선하면서, 그 중심부에 명일광장을 2025년 5월 관목 정비, 광장 조성 및 벤치 설치 등을 통해 청소년과 주민이 쉬어 갈 수 있는 개방형 공간으로 탈바꿈시켰다. 이곳 일대에는 학원 120여 개와 학교 25개, 아파트들과 상가가 있다. 벤치 개수도 의견이 다를 수 있을 정도로 민원이 많은 위치였기 때문에 아파트와 학원, 상가를 대표하는 분들로 주민협의체를 만들어 주민 의견을 최대한 조율하여 반영하는 방식으로 공사를 진행했다.

교육의 성과는 하루아침에 드러나지 않는다. 그러나 아이가 도시와 함께 성장하고 다시 도시의 미래를 책임지는 어른으로 자라나기까지 교육은 도시가 함께 걸어야 할 가장 긴 여정이다. 강동에서 꿈을 키운 어린이와 청소년들이 성인이 되어 강동 바깥으로 나가 활동하다가도 자신이 꿈을 키웠던 강동으로 돌아오는 모습도 꿈꿔 본다. 강동구는 지금 그 여정을 아이들 및 학부모들과 함께 걷고 있다.

안전하고 건강한
보육도시 강동

나는 강동구청장으로서 일할 수 있는 기회를 갖게 된 것이 참으로 고맙고 행복하다. GTX-D 강동구 유치와 같은 사업은 발표 순간 큰 성취감을 느꼈다면, 복지 업무를 통해 얻게 되는 건 안도감과 보람인 것 같다. 변호사를 하면서 神만이 해결할 수 있는 문제라고 생각 들던 문제들이 있었다. 예컨대 가정 폭력, 갈등 가정 그리고 개인의 연이은 불행 등에 관한 문제들이 그것이다. 변호사로서 법적 절차를 도와주지만, 실상 실질적인 도움이 되는 건지 한계를 많이 느꼈다. 그런데 구청장이 되어서 그런 문제에 있어 복지 행정 차원에서 더 구체적인 도움을 줄 수 있다는 게 행복하다. 복지는 그런 속성을 갖고 있는 것 같다. 주민들의 일상과 가장 가깝게 그리고 깊게 와 닿는 일이 바로 복지인 것 같다.

나는 아이들에 관심이 많다. 특히 아동학대 피해 아동의 보호와 일상 회복을 위한 구청의 지원에서 큰 보람을 느낀다. 그리고 보육에도 큰 관심을 갖고 있다. 서울지방변호사회에서 활동할 때 서울지방변호사회의 직장 내 어린이집인 '바름이 어린이집'의 이사장을 한 적도 있다. 나는 감사하게도 딸을 친정엄마께서 돌봐주신 덕분에 워킹맘으로 부담 없이 일할 수 있었지만, 주변에 아이 양육 문제로 경력 단절을 선택하거나 친정과 시댁을 오가며 전전긍긍하는 여자 변호사들을 많이 봐왔기에 보육에 특히 관심을 가질 수밖에 없었다.

보육 정책은 영유아의 행복 추구권 보장, 부모의 일·가정 양립 지원, 아동 발달 지원, 여성의 경제활동 참여 확대 등을 목적으로 하는 국가의 주요 사회 인프라 정책이다. 2025년부터는 유아 및 어린이집 지원 확대, 난임 지원 강화, 육아휴직급여 인상 등 관련 지원이 확대되었으며, 유보통합으로 보육이 보건복지부에서 교육부 관할로 이관이 되어 2005년 3월부터 시범 시행 중이다. 유보통합은 유치원(幼)과 어린이집(保)의 교육·돌봄 서비스를 하나로 통합하려는 정책이다. 유보통합으로 인하여 보육 정

미래를 위해서 젊은층 인구 유입이 중차대한 과제이다.
보육의 질을 높이기 위한 지원을 계속 확대해야 한다.

책을 교육부가 관장하게 되었지만, 자세한 내용과 시간표를 알 수 없어서 지자체 입장에서는 새로운 사업을 하는 게 조심스러운 면이 있다.

강동구는 대규모 신축 아파트 단지들로 인하여 국공립어린이집이 늘고 있기는 하지만, 0세반과 1세반에 대기자가 몰리는 문제가 발생하고 있다. 특히 육아 휴직을 끝내고 복귀해야 하는 맞벌이 부부들에게는 절박한 문제로, 유아반에 정원 대비 현원이 부족한 현실을 감안하여 일부 어린이집에는 0세와 1세반 정원을 확대하는 방향으로 정책 변화를 진행 중이다.

구청장으로 취임한 후 어린이집 보육의 질을 높이기 위해 특히 보육 교사 1인당 돌보는 아동 수를 법정 기준보다 낮추는 사업을 관내 14개 어린이집을 대상으로 시범 추진 중이다. 0세반은 1:3에서 1:2로, 3세반은 1:15에서 1:10 이하로 줄여서 교사들의 근무 여건을 개선하고 아이들에게 더 세심한 돌봄을 제공할 수 있도록 하는 사업이다. 교사 대 아동 비율 사업은 2026년 국정 과제로 선정되었다. 텃밭 무상 분양이나 마을공동체 사업과 같이 특정인들에게만 혜택이 돌아가거나 효율적이지 않은 사업에 편성되었던 예산들을 정리하여 이 교사 대 아동 비율을 조정하는 시범 사업을 시행할 수 있었다.

공공형 키즈카페는 강동구에서 처음 시작되었다. 아이맘강동이 그것이다. 아이맘강동은 2019년 5월 성내점을 신설한 이래 실내 놀이터, 장난감, 도서, 육아용품 대여 등을 통해 취학 전 영유아 보육을 지원하는 시설이자 프로그램이다. 이런 강동구 모델을 서울시에서 서울형키즈카페로 사업을 확대하였는데, 강동구는 시비와 구비를 합하여 키즈카페를 계속 확대해 하고 있다.

실내놀이터인 키즈카페와 함께 실외 놀이터인 어린이 놀이터 개선 사업도 확대하고 있다. 특별교부세나 특별교부금과 같은 외부 재원을 신청하는 경우에 어린이 놀이터 개선 사업은 꼭 상위에 올려 두었다. 그 결과 매년 어린이 놀이터 시설 개선 사업을 확대해 갈 수 있었다. 주취자가 점령한 어린이 놀이터에는 시설 및 경관 개선 사업을 통해 어린이와 부모님들이 마음 편하게 놀 수 있는 놀이터로 탈바꿈시키고 있다.

그리고 맞벌이 부부의 저녁 시간대 자녀 돌봄을 쉽게 해주기 위한 일환으로 강동숲속도서관과 강동중앙도서관의 운영시간을 저녁 10시(어린이는 저녁 8시 까지)까지 연장할 계획이다. 두 도서관 모두 영유아를 위한 공간을 별도로 만들어 편하게 누워서도 아이에게 책을 읽어 줄 수 있도록 하였다.

어린이집 안전 문제에도 적극적인 대처를 하고 있다. 관내 공공시설에 대한 안전 점검을 하였다가 고덕2동 구립어린이집에 스프링클러, 비상 슬라이드와 같은 화재 예방 설비가 미비한 것을 발견하였다. 가슴이 철렁 내려 앉았다. 다니고 있는 원생들과 학부모님, 교사들 등 해결해야 하는 문제들이 적지 않았다. 그래도 고심 끝에 재건축을 하기로 결단을 내렸다. 관계자들의 협조 덕분에 원생들을 다른 어린이집으로 전원시킨 뒤 재건축을 위한 준비가 진행 중이다.

출생율이 낮다거나 젊은층 비율이 낮아진다거나 하는 문제는 비단 국가 차원에서만 문제가 되는 것이 아니다. 자치구도 도시의 미래를 위해서는 출생율과 젊은층 인구 유입이 중차대한 과제이다. 강동구는 이를 위하여 보육의 질을 높이기 위한 지원을 계속 확대해 나갈 것이다.

영 올드 시대에 맞춘
어르신이 편안한
시니어 친화도시 강동

제정임이 엮은 책 <황혼길 서러워라>(오월의봄, 2013)의 한 대목이다.

'일제의 압제와 전쟁의 잿더미에서 배고픈 성장기를 보냈고, 열악한 경제 환경에서 자식을 키우느라 자신의 노후 준비는 생각조차 할 수 없었던 현재의 노인 세대는 절반 가까이가 빈곤층이다. 가난은 점점 고장 나는 몸과 사무치는 외로움 등 노년의 고통을 증폭시킨다.

움직일 때마다 아픈 팔다리로 남의 밭일을 하는 농촌 노인이나 퀴퀴한 지하실에서 밥을 지어 먹으며 경비일을 하는 도시 노인 등, 가난한 노년은 생의 마지막 순간까지 밥벌이의 구차함에서 놓여나지 못한다.

공단 한가운데 덩그러니 지어진 사설 요양병원에서 유배당하듯 살아가는 치매 노인, 고립된 섬처럼 혼자 살다 아무도 모르게 숨을 거두는 독거노인의 현실도 가슴을 저민다. 자식 세대와 함께 사는 노인도 황혼 육아의 짐을 진 채 건강과 여가를 희생하는 경우가 많다. 노인도 따뜻한 관계에 대한 욕망이 살아 있는 존재이건만, 색안경을 끼고 보거나 따돌리는 젊은 세대의 시선은 이들에게 상처가 된다.'

나이 50세를 지천명(知天命) 즉 하늘이 정한 운명이 무엇인지 깨닫는 나이라고 하는데, 50대중반을 넘어가고 있는 나 자신과 80대 중반을 넘어가는 친정엄마를 보면서 나이를 먹는다는 차원에서 더 나아가 늙는다는 그 숙명이 어떤 것인지 실감하고 있다.

35세에 딸을 낳고서 생명에 대한 더할 수 없는 연민과 경외감이 들었듯이, 한 살 한 살 나이가 들어감에 따라 이런저런 자리에서 어르신들을 뵐 때마다 예전과 다르게 가슴 속 깊은 곳에서 순간 찌릿하게 가슴이 아파져 오는 느낌이 자주 든다. 인간에 대한 어떤 측은함 같은 것도 느껴지고, 거친 세월을 겪어 낸 그 모습에 존경심이 들면서 특히 여성 어르신들은 모두가 내 어머니인 것만 같아서 가슴이 저려 온다.

국가의 미래를 위하여 하루라도 빨리 대비해야 할 일들이 많지만, 그 중에서도 고령화로 인한 사회 변화는 심각한 문제다. 총인구에서 65세 이상 인구가 차지하는 비율이 7%가 넘으면 고령화사회, 14%를 넘으면 고령사회, 20%를 넘으면 초고령사회로 분류한다. 우리나라는 2000년에 7.3%를 기록하면서 고령화사회에 들어섰다. 2017년부터 고령인구 비율 14%를 넘기며 고령사회에 진입했다. 고령화사회에 들어선 지 17년 만이다.

통계청은 2019년 장래인구추계에서 2025년 우리 사회가 초고령사회가 될 것으로 전망했지만 그보다 이른 2024년 12월 23일 기준으로 65세 이상 인구가 전체 인구의 20%를 넘어서며 초고령사회에 공식 진입했다. 심각한 것은 고령화의 속도다. 우리나라의 고령화 속도는 세계에서 가장 빠른 수준이다.

예컨대 '노인대국'으로 불리는 일본은 고령화사회에서 고령사회로 가는 데 24년 걸렸다. 다시 고령사회에서 초고령사회로 가는 데 12년 걸렸다. 프랑스는 각각 115년과 39년이 걸렸다. 그런 나라들은 상대적으로 고령화 추세에 차근차근 대비할 시간적

재가돌봄 서비스를 이용하고 있는 주민께서
고맙다는 인사를 건네주었다.
그 인사에 보람보다는 눈물이 났다.
더 서둘렀어야 했다는 안타까움도 느꼈다.

여유가 있었던 것이다.

주지하는 바와 같이 고령화가 빠르게 진행되면 우리 경제의 성장 둔화가 우려된다. 잠재 성장률이 낮아질 수밖에 없다. 노인을 부양해야 하는 사회적, 국가적 부담이 커짐으로써 근본적으로는 국민 부담이 커진다. 이는 정부 재정 악화 문제를 발생시킬 수 있으며, 부양 부담 문제를 놓고 세대 간 갈등이 커질 수 있다. 재정 부담 문제뿐만 아니라 일상생활에서 이미 그 갈등은 시작된 것도 같다. 일전에 엄마가 목욕탕에서 입장을 거절당했다고 하면서 서글퍼하던 생각이 난다. 보행기를 끌고 온 어르신들은 입장 불가라는 게 목욕탕의 설명이었다고 하다. 아마 미끄럼 사고가 있었던 게 아닌가 짐작이 된다. 도서관 민원 중에 신문을 보는데 넘길 때 소리가 난다고 젊은이가 눈치를 줬다고 하면서 노인 전용 열람실을 마련해 달라는 민원이 있었다. 메뉴판 글씨가 작아서 벌어진 민원도 있었다. 이전에는 없었던 새로운 내용의 민원이다.

우리나라는 노인 자살률이 OECD 회원국 중 가장 높은 수준이다. 알츠하이머 노인 환자 가족의 동반자살까지 늘고 있다. 병고와 함께 생활고도 어르신들을 고통스럽게 한다. 은퇴 후 준비를 잘 한 사람에게는 은퇴 후 시간을 '황금 연령'(golden age)이라 부르기도 한다. 평생을 열심히 일한 다음 은퇴하여 여유롭고 풍요로운 시간을 갖는다는 뜻이다. 그러나 우리나라의 65세 이상 노인빈곤율(2021년 37.6%)은 OECD 국가 중 최고 수준이다. 부동산 자산을 포함시키지 않은 통계라 우리나라 현실과 다소 맞지 않다는 반론도 있지만, 수 십 억원 하는 아파트가 있어도 현금이 없는 어르신들은 그분들대로 쪼들리며 지내고 있다. 그래서 노인 정책이 더 어려운 것 같다.

노인 문제도 계층별로 맞춤식 정책이 필요하겠지만 노인이 되면 누구나 겪게 되는 사고(四苦, 4가지 고통)가 있다고 한다. 첫째, 무위고(無爲苦)는 가정과 사회에서 책임과 업무가 주어지지 않고 물러나게 되며 역할을 잃는 것을 말한다. 둘째, 고독고(孤獨苦)로 혼자 있으므로 얻게 되는 고통이다. 노인이 되면 은퇴 후, 관계가 줄어들고 친구나 친지, 가족 등과의 왕래가 줄어들며 관계를 새롭게 맺기가 어려워진다. 셋째, 빈고(貧苦), 즉 빈곤의 고통이다. 노후 생활에서 가장 문제가 되는 것이 소득 상실로 인한 경제적 궁핍이다. 넷째, 병고(病苦), 즉 질병의 고통이다. 노인이 된다는 것은 신체적 퇴화를 의미하며 질병을 수반하며 살아가게 된다.

과거 전통 사회에서는 연장자를 존중하는 풍토가 일반적이었다. 효(孝) 문화도 정착되어 있었다. 우리 사회가 전체적으로 농촌 사회일 때는 나이 드신 분들의 경륜과 경험을 지역 공동체 전체가 존중하고 존경했다. 그래서 나이가 든다는 것은 더 많은 존경과 존중을 받는다는 뜻이었다. 어르신들의 경륜과 지혜가 공동체 운영의 리더십이 되기도 했다.

이제는 크게 달라졌다. 급속한 산업화화 핵가족화, AI처럼 상상 속에서만 있던 기술들이 몇 년 만에 급속도로 발전하여 상용화되는 급격한 사회 변화에 따라 경험이 존경만 받을 수는 없는 시대가 되었다. 기술 변화를 좇아가지 못하면 나이와 상관없이 천덕꾸러기가 되는 게 현실이다.

그러면서도 한편에서는 '영 올드(Young Old)'라는 새로운 노인 세대가 나타났다. 영 올드는 막 노년기에 진입한 노인, 즉 55세에서 75세 사이의 젊은 고령자를 뜻한다. 베이비붐 세대와 맞닿아 있다. 세계적인 현상이기도 한데, 이들은 경제 부흥기를 통해 자산을 축적했고 학력도 높으며 건강도 갖추고 있다. 가장 돈이 많은 세대로 불리기도 한다. 그러다 보니 소비를 가장 많이 하는 세대이다. 그리고 봉사활동에도 적극적이다. 우리나라에서는 이들의 1년 출생수가 가장 많은 세대였기에 현재 인구수도 많다. 이들을 위한 시니어 정책이 필요한 이유다.

취임 후 시니어 복지 인프라의 확대에 나섰다. 경로당 신설을 추진하고 시니어 문화·디지털 교육 공간 등도 함께 조성해 맞춤형 복지 서비스를 강화하고 있다. 상대적으로 경로당이 적었던 성내2동에 시비 지원을 받아 성내 분토골 경로당을 신설하였다. 경로당에서 중식도우미분들 물색에 많은 어려움을 겪고 있는 걸 알게 되어 월 10만원 추가 지원을 하고 있다.

그밖에 강동시니어문화센터를 개소했고, 서울시에서 설치하는 서울디지털동행플라자 동남센터를 천호3동 주민센터 건물에 유치하여 2025년 안에 개소할 예정이다. 강동시니어문화센터는 영 올드를 겨냥한 시설로, 건강 댄스, 시니어 발레 등 신체활동 프로그램을 운영한다. 또한 바리스타 체험, 쿠킹 클래스 및 수작업 공방 운영 등 취미·여가 활동 기회를 제공하고, 일자리 상담 및 홍보 프로그램을 마련해 어르신들의 사회적 역할 확대를 지원하게 된다.

이 밖에도 독거 어르신들의 안전을 위해 사물 인터넷 기반 응급벨을 관내 독거 어르신 주거지에 꾸준히 설치하고 있고, 어르신을 위한 디지털 기초 교육도 경로당을 찾아가는 방문 교육을 포함하여 실시하고 있다.

치매 어르신과 그 가족을 위한 돌봄 지원도 더욱 확대하고 있다. 2023년 전국 최초로 문을 연 치매가족지원센터에서 치매 가족을 위한 전문적, 체계적인 맞춤형 지원을 하고 있다. 치매가족지원센터 설립 아이디어를 내게 된 것은 치매 가족을 둔 지인들의 고통을 보고 개인이 감당할 수 없는 문제로 판단했기 때문이다. 치매가족지원센터를 통해 재가돌봄 서비스를 이용하고 있는 주민께서 수십 년 만에 처음으로 친구들을 만났다면서 고맙다는 인사를 건네주었다. 그 인사에 보람보다는 눈물이 났다. 더 서둘렀어야 했다는 안타까움도 느꼈다.

새벽녘 어스름을 뚫고 동쪽 하늘에서 밝게 떠오르는 해. 온화한 붉은 기운으로 세상을 물들이며 서쪽 하늘 끝에서 장엄하게 빛을 발하는 해. 이 두 가지 해는 다른 해가 아니라 같은 해이다. 오늘의 노년은 어제의 젊음이었고, 어제의 젊음은 내일의 노년이다. 국민이 행복한 노년을 지낼 수 있는 나라, 어르신이 편안한 사회가 안정적인 사회다.

3.1운동과 참전 용사들의 뜻이 서린 강동구

　강동구 상일동에는 상일만세광장이 있다. 게내수변공원 안에 있는 1,171.7㎡ 면적의 광장으로, 우리 근현대 독립운동사를 묘사한 기념벽과 상징조형물 등이 있다. 이곳은 일제강점기에 상일리 헌병주재소가 있던 곳으로, 1919년 3.1운동 당시 전국에서 펼쳐진 만세 운동의 물결이 흐른 곳이다. 3월 29일 당시 광주군 구천, 동부, 서부면 농민 1,000여 명이 헌병주재소를 둘러싸고 만세 시위를 벌였다.

　일제 헌병들은 시위대를 향해 총을 난사하여 서부면 감북리 안종현(56세), 감이리 최천성(28세) 등이 총에 맞아 사망했고 또 2명이 부상을 당했다. 구천면 상일리의 김경배(32세)는 태극기를 휘두르며 주재소 안으로 돌진해 들어가다가 충격을 당했지만 큰 부상을 입고 겨우 살아났다. 김경배 씨는 해방 이후 1948년 61세로 별세할 때까지 구천국민학교(현 상일초등학교)에서 상일리 만세 운동을 학생들에게 생생하게 증언하였다.

우리는 3.1운동이라고 하면 서울 중심부에서 펼쳐진 만세 운동과 민족 대표 33인, 유관순 열사의 천안 병천 아우내 장터 만세 운동 등부터 떠올리기 쉽다. 그러나 알고 보면 3.1운동은 3월 1일 하루만이 아니라 이후 상당 기간 전국 각지에서 많은 사람들이 참여한 비폭력 만세 운동, 그야말로 전국적, 거족적(擧族的) 독립운동이었다. 3.1운동이라는 말은 그것이 시작된 날짜를 명칭으로 삼은 경우다.

상일리 만세 운동이 3.1운동의 그러한 상황을 증언해주고 있다. 3.1운동으로 인하여 민족의 자주독립 필요성에 대한 자각이 널리 확산되었고, 상하이 대한민국임시정부의 결성으로 이어졌으며, 이후 국내외에서 펼쳐진 독립운동의 정신적, 역사적 수원지(水源池) 역할을 하였다.

한편 우리 강동구에는 베트남 전쟁 파병 상이군인들을 위하여 조성된 마을공동체가 있다. 천호동에 십자성 마을과 상일동에 용사촌이다. 십자성 마을은 예능 '나 혼자 산다'에서 소개되기도 했는데, 십자성이라는 말은 파병 군인들이 배를 타고 베트남으로 향하다가 남중국해 하늘에서 빛나던 별, 십자성을 바라본 데에서 유래하였다. 처음에는 101가구였으나, 마을 구성원들의 이주와 고령화 및 사망으로 지금은 40여 가구가 남아있다.

강동구는 중앙보훈병원이 있어 국가유공자들이 다른 자치구에 비하여 많은 편이다. 특히 6.25 참전용사들 행사에 가면 대다수 용사들이 구순이 넘었음에도 불구하고 정복을 입고 행사에 참석하신다. 그런 모습을 보면 감사함은 기본이고 그 자긍심에 존경과 감동을 받게 된다. 보훈단체와 보훈가족들에 대한 예우를 개선하기 위하여 노력하고 있지만 여전히 부족함을 안타깝게 생각한다. 우리 강동구에 보훈수당액은 서울 대다수 자치구와 비교하면 높지만 인접자치구에 비하면 재정자립도 차이로 인하여 적다. 그래도 한 해 한 해 나아지고 있다는 점에서 보훈가족들의 양해를 구하고 있다.

지난 2023년 7월 강동보훈회관에서 열린 강동구 6.25 참전 용사 정전협정 70주년 기념식에서 나는 국방부 장관을 대신하여 강동구 거주 참전 용사 두 분의 가족에게 훈장을 전수해드렸다. 국가보훈부가 '무공훈장 찾아주기 운동'을 펼치고 있기 때문이다. 서훈 대상자이면서도 훈장을 받지 못한 분들, 예컨대 유족을 찾지 못하여 전해드릴 길이 막막한 상황에서 서훈 대상자 본인이나 유족들을 다시 찾아 전해드리는 운동이다. 당시 강동구에서는 충무무공훈장을 따님이 받았고, 화랑무공훈장을 손자가 대신 받았다. 나는 두 분 영웅에게 감사하고 또 감사하다는 말밖에는 생각나지 않았다. 이미 노인이 된 유공자의 따님을 보면서 그 유가족들이 겪었을 세월이 짐작되어 눈시울이 저절로 뜨거워졌다.

강동구는 무연고 국가유공자 공영 장례 지원, 국가유공자 분들을 위한 관내 공영주차장 우선주차구역 조성, 관내 중앙보훈병원(둔촌동) 국가유공자 입원 환자 위문 활동, 6월 '호국보훈의 달'에 관내 국가보훈대상자와 그 가족 등을 초청해 여는 '보훈가족 위문 행사' 등을 보훈 사업으로 펼쳐왔다.

오늘날 대한민국 번영의 토대를 피와 땀으로 놓아주신 국가유공자들과 독립운동가들의 헌신과 희생을 우리는 반드시 기억하고 기리며 후대까지 이를 이어갈 수 있도록 해야 한다. 나라를 위해 헌신, 희생하신 분들을 제대로 예우하지 않는다면, 대한민국이라는 국가 공동체에 대한 헌신을 요구할 근거가 사라진다. 나아가 대한민국 공동체의 존립 근거와 역사성, 정체성을 상실하게 될 위험이 있다.

공적인 헌신과 희생, 책무를 앞세우고 사적인 이해관계나 사사로운 일은 뒤로 돌리는 것, 요컨대 선공후사(先公後私)를 실천하신 분들을 기념하고 기리는 것은 정부, 자치단체 등 공공 부문과 민간 단체, 개인 등 민간 부문이 모두 나서야 할 일이다. 보훈에서도 소홀함이 없는 보훈도시 강동을 만들기 위한 노력 역시 마찬가지다.

6장

정치 현실에 대한 단상들

21세기는 이념의 시간이 아니라 실용의 시간
좋은 정치인이란?
강동구에서 대한민국을 생각한다

21세기는
이념의 시간이 아니라
실용의 시간

조선의 문인(文人) 연암 박지원(1737~1805)이 쓴 <열하일기(熱河日記)>는 그가 청나라 견륭제의 생일을 축하기 위한 사신단에 개인 수행원 자격으로 참여하여, 청나라 수도 북경과 황제의 여름 피서지 열하까지 여행한 기록이다. 1780년 5월 25일에 한양을 떠나 10월 27일에 돌아온 여정이었다. 여행하면서 겪고 보고 듣고 대화하고 느끼고 생각한 것을 문학, 정치, 사회, 경제, 예술, 건축, 의학 등 다양한 분야와 형식에 걸쳐 담아낸 책이다.

압록강 건너 책문이라는 마을에 도착한 박지원은 탁자 위에 다양한 크기의 술잔이 놓인 것을 보았다. 각자 먹고 싶은 양에 맞는 잔에 술을 따르도록 되어 있었다. 또한 가축의 종류에 따

현실과 삶보다 더 중요한 이념은 없다.
20세기에 우리가 이념의 시간을 살았다면
21세기에는 실용의 시간을 살아야 한다.

라 그 우리를 만드는 법이 달랐다. 생활 도구들이 규격에 맞고 있어야 할 자리에 배치되어 있었다. 박지원은 이 관찰에서 이용후생(利用厚生)의 깨달음을 얻었다. 이용후생은 편리한 기구들을 잘 사용하여 먹고 입는 것을 풍족하게 하며 생계에 불편함이 없도록 하는 것을 뜻한다.

그는 이렇게 기록하였다. "이용이 있은 다음에야 후생이 될 것이고, 후생이 된 다음에야 정덕(正德), 즉 도덕이 바르게 설 것이다. 그 쓰임을 이롭게 만들지 못하고서는 그 생활을 넉넉하게 만들 수 없다. 생활이 스스로 넉넉하지 못할진대 어떻게 도덕을 바르게 할 수 있단 말인가."('도강록' 6월 27일)

이용은 백성들이 일상생활에서 쓰기 편리한 도구나 유통 수단이다. 후생은 의식(衣食)과 재물을 풍부하게 하여 삶을 풍요롭게 만드는 것이다. 박지원을 비롯한 조선 후기의 이른바 북학파(北學派) 지식인들은 백성의 일상생활에 이롭게 쓰이고 삶을 풍요롭게 해주는 실천적 학문을 강조하였다. 더 쉽게 말하면 백성들이 쓸모 있는 도구를 편리하게 사용하고, 먹을 것 입을 것을 넉넉하게 갖출 수 있도록 하여 그 삶을 나아지게 하자는 것이다.

요즘 말로 바꾸면, 다수 국민이 인공지능(AI) 등 발달된 기술

수단을 편리하게 사용할 수 있도록 하고 국민의 안정적 소득 기반을 뒷받침함으로써, 국민 삶의 질 향상을 꾀하는 실용적 민생 정치를 뜻한다. 조선의 국교(國敎)나 다름없었던 성리학(性理學)이 지나치게 공리공담, 즉 백성의 현실적 삶과 거리가 먼 공허한 철학적 이론으로 흐르는 것을 경계하였던 것이다.

이것을 다시 요즘 식으로 말하면, 국민의 일상생활과는 별 상관도 없는 이념적 논쟁이나 갈등을 경계한다는 뜻이 될 것이다. 이념이 전혀 중요하지 않다는 뜻이 아니다. 한 사람이나 어떤 정치 세력 집단이 추구하는 기본적이고 궁극적인 가치 체계로서의 이념은 중요하다. 정당의 많은 정책들이 각 정당의 그러한 이념적 지향에 바탕을 두고 있는 것도 사실이다.

하지만 이념의 잣대로만 현실을 재단하거나 국민의 일상적 삶에 관한 문제와 관련 정책을 다분히 억지로 이념에 꿰어다 맞추어서는 곤란하다. 대체로 좌파 이념은 국민의 삶과 경제, 사회 전반에 대한 국가의 개입과 지원을 강조하는 반면, 우파 이념은 개인과 민간의 자율성과 자유, 자발적 노력 등을 상대적으로 강조한다. 하지만 그렇다고 해서 상대 이념의 강조점을 완전히 배격하지는 않는다. 그럴 수도 없고 그래서도 안 된다.

결국 협의 과정을 거치면서 적절한 선에서 타협을 이끌어 내게 된다. '새는 좌우 양 날개로 난다'는 말이 있듯이, 좌와 우는 상호 보완적인 관계가 되어야지 상호 배척적인 관계가 되어서는 국민만 손해 볼 뿐이다. 정부 차원의 국정과 국가 정책도 그러하지만 자치단체 차원의 사업과 행정 집행도 그러하다. 앞에서도 밝힌 바와 같이 불필요하고 비생산적인 이념 갈등과 논쟁이 끼어들 여지가 없다. 이념이 아니라 사람들의 일상적 삶이 먼저고 주민의 뜻이 최우선이다.

패망한 독일의 전후(戰後) 재건과 부활을 이끈 정치인 콘라트 아데나워(1876~1967)는 '라인강의 기적'을 이끈 역대 최고의 독일 총리로 평가받는다. 독일 공영방송이 실시한 '역사상 가장 훌륭한 독일인이 누구냐?'는 설문조사에서 아데나워가 1위, 종교 개혁가 마틴 루터가 2위, 동방정책으로 유명한 빌리 브란트 전 독일 총리가 3위를 기록했다.

그런 아데나워는 기본적으로 보수 이념을 따르는 입장이면서도 진보 성격을 지닌 '함께하는 사회'라는 국정 철학을 구체적인 정책으로 관철시켰다. 그는 재임 기간 14년 동안 일자리 9백만 개를 창출하고 근로자의 경영 참여를 확립시켰으며, 저소득층을 위한 사회 주택이 절반을 차지하는 6백만 호 주택 건설을 이끌면서 '함께 하는 사회' 독일의 기틀을 다졌다.

그러면서도 외교와 국방·안보 측면에서는 국내외의 반발을 무릅쓰고 독일의 재군비(再軍備)를 추진하였다. 제2차 세계대전과 나치 독일에 대한 뼈아프고 고통스런 경험과 기억이 있는 유럽 여러 나라들과 많은 독일 국민들은 독일이 다시 군대를 갖추고 무장하는 것에 반대했지만, 아데나워는 국방·안보 기반의 중요성에 대한 인식을 포기하지 않았다. 분단된 동·서독 문제에 대해서도 성급한 통일 추진보다는 경제 재건과 국력 회복, 외교력 강화에 주안점을 두고 단계적으로 조심스럽게 접근하고자 하였다.

보수 이념에 바탕을 둔 정치인이면서도 경제, 사회, 노동, 국방·안보, 외교 등 각 분야와 개별 현안에서 국민의 이익과 국가의 장기적 이익의 관점에서 유연하게 실용적으로 접근하였던 것이다. 현재 우리나라도 지속적인 성장을 위한 동력과 꾸준한 발전을 위한 기반을 확충하는 것이 중요하다. 무엇이 진정한 성장이고 발전인지에 대한 의견은 이념적 지향에 따라 다를 수 있지만,

큰 틀에서 기준은 결국 국민이고 주민이며 그들의 삶이다.

현실과 삶보다 더 중요한 이념은 없다. 그래서 실용주의란 현실주의이자 국민·주민 중심주의이며 민생중심주의다. 조선은 북학파가 주장한 이용후생을 실천하지 못하고 세계사의 시간에서 뒤처지고 멀어져 쇠퇴의 길을 걸었다. 우리는 21세기에 그런 우를 반복하지 말아야 할 것이다. 주민의 일상적 삶과 직결된 지역의 구체적 현안과 문제를 하나하나 해결해나가면서 실용주의에 대한 나의 소신은 더욱 굳어지고 있다.

20세기에 우리가 이념의 시간을 살았다면 21세기에는 실용의 시간을 살아야 한다. 이 점을 간과하는 것을 시대착오라 할 수 있을 것이다. 한 개인의 시대착오는 그 개인의 손해로 끝날 수 있지만, 그 개인이 공적 책임을 맡아 수행하는 공직자라면 그 사람의 시대착오는 지역과 국가에, 주민과 국민에게 누를 끼치게 된다. 경계하고 또 경계해야 할 일이다.

정치인들 사이에 논쟁은 꼭 필요하다.
다만 생산적이어야 한다. 아니면 국민이 피곤하다.

좋은 정치인이란?

　나는 정당의 중앙당에서, 지역의 당원협의회에서 그리고 총선 선거 현장에서 정치 활동을 하면서 여당과 야당을 불문하고 많은 정치인들을 겪어 보았다. 여기서 정치인은 선출직으로 일하고 있고, 일해봤던 모든 사람들이다. 특히 국회의원들과도 때로는 협력적 관계를, 때로는 대립적 관계를 이루면서 직간접적으로 정치적 인연을 맺어왔다. 그렇게 다양한 정치인들은 그 한 사람 한 사람이 그야말로 제 각각의 특징과 스타일을 갖추고 있었다. 정치 신인인 내가 배워야 할 정치인이 있었는가 하면, 저렇게는 하지 말아야지 생각이 드는 반면교사(反面敎師) 정치인도 있었다.

좋은 정치인과 사랑 또는 인기 있는 정치인이 일치하지는 않는다. 인간 세상의 부조리함은 정치에서도 마찬가지인 것이다. 선거를 치러야 하는 나는 인기 있는 정치인에 더 관심을 가져야 하겠지만, 좋은 정치인이 더 되고 싶다. 과연 어떤 정치인이 좋은 정치인일까?

첫째, 비판을 위한 비판이 아니라 대안을 찾고 제시하기 위한 비판을 한다. 정치인이 상대 당을 비판하거나 자신의 경쟁 관계인 다른 정치인을 비판하는 정쟁 자체가 나쁜 것은 아니다. 가치 지향이 다른 두 정당이나 다른 정치인들 사이에 논쟁은 꼭 필요하다. 다만 생산적이어야 한다. 아니면 국민은 피곤하다.

둘째 구동존이(求同存異)의 자세로 합의를 지향한다. 구동존이는 구대동존소이(求大同存小異)를 줄인 말인데, 큰 뜻에서 서로의 공통점을 찾아보고 작은 차이는 일단 놔두자는 뜻이다. 정치는 타협의 예술이라고도 한다. 이를 승패로 표현한다면 져도 진 게 아니고 이겨도 이긴 게 아닌 것, 그래서 좋은 정치를 하면 진 사람도 이긴 사람도 없게 되는 것, 그게 정치인 것 같다. 명분을 얻었으면 실리는 내어주어야 하고, 반대로 실리를 얻으려면 명분은 양보해야 하는 것 그게 정치다. 이 점이 사업과는 다른 것이고 그래서 정치가 매력적이다.

셋째, 쓸데없는 비난의 말로 감정 갈등의 골을 깊게 만들지 않는다. 정치인의 무기는 말이며 정치인은 결국 말을 가지고 싸운다. 그런데 그 말이 품격이나 위트까지 갖추지는 못하더라도 최소한의 예의는 지켰으면 좋겠다. 잔뜩 감정을 실어 이죽거리고 비아냥거리는 말투는 본말을 전도하게 만든다. 비판에도 암묵적인 절제와 한도가 있다고 생각한다.

넷째, 국민에게 위임받은 권한을 국민 위에 군림하는 권력으로 착각하지 않는다. 설명이 필요 없을 것 같다. 그 자리가 영원할 것처럼 자리 맛에 취하면 누구보다도 본인이 불행해지는 걸 불행하게도 우리는 계속 목도하고 있다.

다섯째, 보좌진의 의견을 중시하고 다른 사람들의 조언에 신중하게 귀 기울인다. 늦거나 빠른 속도 차이는 있을지언정 정치적으로 결국 성공을 거두는 정치인들의 공통점은 보좌진의 의견을 중시한다는 점이다. 그러자면 보좌진을 자신의 부하, 아랫사람으로 여기지 않고 공통의 정치적 지향과 가치를 지니고 함께 노력하는 정치적 파트너, 그야말로 동지(同志)로 여기는 자세가 필요하다.

여섯째, TPO에 맞게 얘기할 줄 안다. 정치인은 말을 잘해야 한다. 달변이나 다변을 떠나서 때와 장소, 경우에 맞게 잘해야 한다. 자기 자랑이나 자기 치적을 알리는데 조바심을 내는 정치인을 만나면, 사실 자리가 썩 재밌지는 않다. 자리를 파하고 난 뒤 크게 기억에 남는 것도 없었던 것 같다. 정치인은 자기 홍보를 잘해야 한다고들 하지만 그 선을 적절하게 지키는 것이 쉽지 않다. 역설적으로 나는 자기 홍보에 서툰 것 같아서 외려 그런 분들이 부러울 때도 있다. 세상에서 힘 있는 사람으로 통하는 정치인들을 개인적으로 잘 알고 지내고 있음에도 인맥 자랑을 거의 안 하는 편이고, 인맥을 통해서 얻는 정보도 제법 되지만, 알고 있다고 내색을 안 하는 편이다 보니 어떤 때는 상대방이 내가 아무것도 모른다고 착각하고 거짓말이나 허풍을 떨다 들키는 경우도 제법 있다. 물론 끝까지 나는 아는 내색을 안 한다. 대신 그 사람을 경계하면서 불가근 불가원(不可近 不可遠)으로 지내는 걸 선택한다.

일곱째, 적절한때가 언제인지 타이밍을 잘 판단한다. 정치를 타이밍의 예술이라고도 한다. 메시지를 내야 할 때, 상황에 따라 나설 때와 물러설 때를 구분할 줄 알아야 한다.

여덟째, 언행에 자신감과 신중함을 같이 가지고 있다. 책임을 무겁게 여길 줄 알아야 한다는 의미다.

아홉째, 부화뇌동(附和雷同)하지 않고 화이부동(和而不同)한다. 부화뇌동은 자신의 일정한 소신이나 주견(主見) 없이 남의 의견에 따라 행동하는 것을 뜻한다. 반면에 화이부동은 다른 사람들과 협력할 때는 협력하지만 그렇다고 해서 그들에 완전히 동화되지는 않는다는 뜻이다.

내 나름대로 좋은 정치인의 덕목을 꼽아 보았다. 그 중 몇 개라도 갖춘 정치인이 되도록 자기검열을 게을리하지 않을 것이다. 결국 좋은 정치인이 되기 위해서는 늘 자리와 권력은 유한하고, 민심은 무섭다는 걸 잊지 않는 것이 정도인 것 같다.

강동구에서
대한민국을 생각한다

나는 강동구청장으로서 우리 강동구에 관한 이야기를 지금까지 주로 해왔다. 취임 이후 지난 3년여 동안 구청장의 책무를 잘해 내기 위해 최선을 다해 온 것 같다. 문화, 복지, 건설, 교통, 경제, 교육 등 다양한 분야들에 걸쳐 주민 생활과 직결된 문제들을 해결하고 새로운 사업을 기획, 추진하는 일은 큰 보람을 느끼게 하고 있다. 언론 인터뷰에서 늘 말해 왔다, 일하게 해주신 구민들께 큰 빚은 갚은 것 같아서 다행스럽게 생각한다고. 주민 여러분의 따뜻한 격려와 성원이 있었기에 나는 대과(大過) 없이 구청장직을 수행해올 수 있었다고 생각한다. 나에게 공적(公的) 봉사의 길을 허락하신 주민 여러분들에게 고맙고 또 고마운 마음뿐이다.

돌이켜 생각해 보면 나는 나의 공적 경력을 정당 활동과 지역 당원협의회 활동, 그리고 국회의원 선거 등으로 시작하고 또 경험을 쌓아왔다. 자치단체장도 정당 소속으로 공천을 받아 당선되었으니 정치인이라 할 수 있다. 이 책을 마무리해야 할 때가 온 지금, 나는 정치인으로서 대한민국에 관한 나의 생각을 대략적으로나마 밝혀둘 필요가 있다고 판단하였다.

2025년 올해는 우리가 알다시피 광복 80주년이 되는 해이다. 1945년 8월 15일의 감격은 그러나 잠시였다. 북한의 남침으로 시작된 동족상잔의 비극이 한반도를 할퀴었고 그에 이은 남북 분단 상황도 우리에게 많은 어려움과 고통을 주었다. 사이비 사회주의에 세습 독재 체제를 유지하고 있는 북한과 달리 자유민주주의 노선을 택한 우리 대한민국은 전쟁 후 폐허를 딛고 산업화를 달성하였다.

제2차 세계대전 종전 이후 독립한 나라들 가운데 산업화에 성공한 나라는 우리가 첫 케이스였다. 다른 나라들로부터 원조받는 처지에서 다른 나라를 원조하는 나라가 된 경우도 역시 처음이었다. 이러한 '한강의 기적'을 바탕으로 우리는 '민주화의 기

강동구의 문제와 현안이 곧 대한민국의 문제이고 현안이다.
나의 소망은 강동구가 서울시, 나아가 대한민국의 발전에
일조하는 자치구가 되는 것이다.

적'도 성취하였다. 60~70년대 산업화와 80~90년대 민주화의 바탕 위에서 정보화 사회에 성공적으로 적응하였고, 문화콘텐츠 분야에서도 괄목할만한 성장을 이루었다. 반도체로 대표되는 IT 강국이자 한류(韓流)라는 말로 대표되는 다양한 K-Culture 가 세계인을 매료시키는 문화강국이 되었다.

국민들의 높은 교육열과 성취동기를 바탕으로 가난에서 벗어나 더 나은 삶을 향하여 노력한 우리 국민들이 이뤄낸 기적이요 성과였다. 그러나 21세기가 25년, 즉 사반세기가 지난 지금 새로운 도전 과제와 높은 파도가 우리에게 몰아닥치고 있다. 반도체, 자동차, 철강, 조선, 화학 등 세계적 경쟁력을 갖췄던 우리나라의 대표 산업 분야들에서 중국의 성장세가 빠르기만 하다. 이미 몇몇 분야에서는 우리를 따라잡았거나 추월했다는 분석도 많다.

여기에 보호무역주의가 FTA로 대표되는 자유무역 질서의 수혜국이었던 우리나라의 국가 경쟁력을 위태롭게 하고 있다. 초고령사회와 세계에서 가장 낮은 출생률이라는 인구사회학적 문제가 심각하게 우리의 미래를 옥죄어들고 있다. 북한은 미국과 국제 사회에 핵보유국 지위 인정을 요구하며 한반도와 동북아시아는 물론 세계적으로 안보 위협 요인이 되고 있다.

계층 간 자산과 소득 및 교육 기회 격차, 지역 간 불균형 등 완화 시켜야 할 격차와 불균형 요소들도 많다. 그 어느 것 하나 쉽게 풀 수 없는 숙제들이다. 그러면서도 이 모든 것들은 우리의 미래 생존 및 번영을 위해 해결하지 않으면 안 되는 과제들이다. 정치가 국가 발전을 위한 새로운 비전을 제시하고 사회 현안에 대한 합리적이고 지속가능한 대안을 내놓으면서, 국민에게 미래에 대한 희망을 줄 수 있어야 한다.

우리는 정치인이 새로운 국가 비전을 제시해야 한다고 요구한다. 비전은 '왜?'라는 질문에 대한 답이다. 하버드 경영대학원 존 코터 교수는 이렇게 말했다. "비전은 미래의 그림이다. 사람들이 그 미래를 만들기 위해 노력해야 하는 이유를 명시적으로나 묵시적으로 언급하는 것이다." 이러한 비전을 다르게 표현하면 길을 잃지 않도록 이끌어주는 지침이자 목표다.

영어의 'lead(지도하다)는 여행하다 또는 길을 가다 라는 뜻의 옛 영어 동사 leaden에서 유래되었다고 한다. 그러니 리더는 길을 안내하고 이끄는 길잡이다. 비전을 제시해야 진정한 리더다. 비전이 없는 조직은 조직의 존재 이유와 가치, 미래를 조직 내부 구성원들에게도 외부 사람들에게도 설명하지 못한다. 비전과 뜻이 통하는 말들로는 목표, 지침, 지향, 가치, 원칙, 꿈, 소망 등이 있다.

비전은 보이지 않는 미래를 보이는 것으로 현재화시켜 주는 원동력이다. 그래서 국민들은 리더의 비전을 믿고 협력하게 되는 것이고 결국 그게 국가의 발전을 이루게 되는 것이다. 이런 맥락에서 대한민국 서울시 강동구청장으로서 나의 소망은 강동구가 서울시와 나아가 대한민국의 발전에 일조하는 자치구가 되는 것이다.

강동구의 문제와 현안이 곧 대한민국의 문제이고 현안이다. 문제의 스케일과 현안의 범위 차이가 너무 커서 비교하기 어렵지만, 대한민국 성장·발전의 축도(縮圖)인 서울, 그러한 서울의 성장·발전의 축소판인 강동구. 나는 강동구를 위한 오늘의 헌신이 곧 대한민국의 미래를 위한 헌신이라는 생각을 하지 않을 수 없다. 하여 나는 오늘도 강동구에서 대한민국을 생각하면서, 주민들과 만나기 위해 구청장실을 나선다.

후기를 대신하여 :
나의 정치적 자산

　모든 정치인은 그 나름의 정치적 자산이라는 게 있다. 정치적 자산에는 보이지 않는 무형의 자산과 유형의 자산이 있다. 유형의 정치적 자산으로는 예를 들어 어떤 정치인이 소유한 재산이 많다면 정치 활동을 하는 데 아무래도 유리하고 편리할 거다. 외모, 그 중 인상도 일종의 눈에 보이는 정치적 자산이다. 미국 대통령에 당선된 사람들을 비교해보니 키가 큰 사람들이 더 유리했다는 연구 결과도 있듯이 흔히 말하는 첫인상은 어떤 정치인에 대한 평판과 평가에 알게 모르게 영향을 준다.

　정치인의 학력이나 사회적 경력도 유형의 정치적 자산에 해당할 수 있다. 국내외의 이른바 명문대학을 나오고 정치에 입문하기 전

장관급 이상 고위 공직을 지냈거나 대기업 최고경영자로 일했거나, 방송에 출연하면서 그야말로 전국적 인지도를 갖췄거나 하는 등, 이른바 선망받는 스펙을 보여주는 경우다.

태어난 고향이나 고향에 준하는 연고지도 유형의 정치적 자산이다. 우리나라에서 정치를 하는 데에는 지역 기반이 매우 중요하다는 것이 중론이다.

한편 무형의 정치적 자산으로는 그 사람이 사회 활동과 정치 활동 과정에서 쌓아온 신뢰, 이른바 소속 정당이나 정파를 시류에 따라 옮겨 다니지 않고 정치 경력을 쌓아온 일관성과 소신, 정관재계와 그 밖의 다른 직능 집단 등에서 맺어온 인간적 신뢰 관계, 정치인이 지닌 지식과 교양의 수준과 양, 평소 사람들을 대하는 태도, 함께 일한 사람들로부터 들을 수 있는 전반적인 평판 등을 들 수 있다.

자신의 입장을 말이나 글로 조리 있고 설득력 있게 펼칠 수 있는 메시지 능력도 무형의 정치적 자산이다. 주어진 현안과 직면한 문제를 해결해나가는 일 처리 능력, 요컨대 일머리가 좋은 것도 눈에 보이지는 않지만 정치 활동 중에 자연스럽게 드러나는 무형의 정치적 자산이다.

그럼 나는 어떤 정치적 자산을 쌓아왔는가?

첫째, 나를 진정으로 이해해주고 진심을 다해 응원해주는 고마운 지인들이다. 인간적인 신뢰에서 시작하여 '이수희'를 이해해주시면서, 진심 어린 조언을 아끼지 않고 음으로 양으로 도움을 주신 분들 덕에 나는 지금껏 살아올 수 있었다.

둘째, 원칙과 소신을 지켜온 것이다. 조바심을 내고 여기저기 기웃거리지 않고 내가 지향하는 가치에 충실하고자 애썼다. 유무형의 자산이 남들보다 상대적으로 부족하다고 해서 그것을 보완할 요량으로 소신을 바꾸거나 원칙을 저버리지 않았다.

셋째, 나 자신에 대한 계속되는 '자기검열'이다. '나의 생각은 언제나 가설에 불과하다'는 격언에 맞춰, 자칫 틀린 확신으로 판단을 잘못하여 돌이킬 수 없는 결과를 낳지 않기 위해 노력하고 있다. 자기검열은 우유부단함과는 다르다. 우유부단함은 이럴까 저럴까 결정 자체를 못 하는 것이지만, 자기검열은 결정을 하기까지 내 안에서 실수를 범하는 것이 있는지 여부를 계속 확인하는 과정의 문제이다.

나를 이해해주는 사람들, 원칙과 소신의 일관성, 자기검열, 이렇게 세 가지가 내가 지닌 정치적 자산 명세서에서 가장 윗부분에 자리잡을 것 같다. 앞으로도 나는 이 자산을 무기로 나의 길을 계속 걸어 나갈 것이다.